会社別就活ハンドブックシリーズ

2025

日立製作所の
就活ハンドブック

就職活動研究会 編
JOB HUNTING BOOK

は じ め に

　2021年春の採用から，1953年以来続いてきた，経団連（日本経済団体連合会）の加盟企業を中心にした「就活に関するさまざまな規定事項」の規定が，事実上廃止されました。それまで卒業・修了年度に入る直前の３月以降になり，面接などの選考は６月であったものが，学生と企業の双方が活動を本格化させる時期が大幅にはやまることになりました。この動きは2022年春そして2023年春へと続いております。

　また新型コロナウイルス感染者の増加を受け，新卒採用の活動に対してオンラインによる説明会や選考を導入した企業が急速に増加しました。採用環境が大きく変化したことにより，どのような場面でも対応できる柔軟性，また非接触による仕事の増加により，傾聴力というものが新たに求められるようになりました。

　『会社別就職ハンドブックシリーズ』は，いわゆる「就活生向け人気企業ランキング」を中心に，当社が独自にセレクトした上場している一流・優良企業の就活対策本です。面接で聞かれた質問にはじまり，業界の最新情報，さらには上場企業の株主向け公開情報である有価証券報告書の分析など，企業の多角的な判断・研究材料をふんだんに盛り込みました。加えて，地方の優良といわれている企業もラインナップしています。

　思い込みや憧れだけをもってやみくもに受けるのではなく，必要な情報を収集し，冷静に対象企業を分析し，エントリーシート作成やそれに続く面接試験に臨んでいただければと思います。本書が，その一助となれば幸いです。

　この本を手に取られた方が，志望企業の内定を得て，輝かしい社会人生活のスタートを切っていただけるよう，心より祈念いたします。

就職活動研究会

Contents

第 1 章

日立製作所の会社概況

会社によって選考方法は千差万別。面接で問われる内容や採用スケジュールもバラバラだ。採用試験ひとつとってみても，その会社の社風が表れていると言っていいだろう。ここでは募集要項や面接内容について過去の事例を収録している。

また，志望する会社を数字の面からも多角的に研究することを心がけたい。

✔日立グループ・アイデンティティ

創業者 小平浪平が抱き，創業以来大切に受け継いできた企業理念，

その実現に向けて先人たちが苦労を積み重ねる中で形づくられた日立創業の精神。

そしてそれらを踏まえ，日立グループの次なる成長に向けて，あるべき姿を示した日立グループ・ビジョン。

これらを，日立グループの MISSION，VALUES，VISION として体系化したものが，日立グループ・アイデンティティです。

■企業理念

優れた自主技術・製品の開発を通じて，社会に貢献する

日立の創業者である小平浪平の強い信念「優れた自主技術・製品の開発を通じて，社会に貢献する」を，私たちは企業理念として継承しました。

日立 100 年の歴史は，この信念を形にしてきた歴史，技術・製品を通じて社会を支え，安心で快適な世の中を実現してきた歴史です。

■日立創業の精神

和・誠・開拓者精神

日立創業の精神は，創業者や先人たちが，100 年を越える歴史のなかで，大切に育んできた精神。

そして，日立グループが，新しい価値の創造に向けてグローバルに挑戦し続ける上で，これからも変わることなく大切にしていく価値です。

■日立グループ・ビジョン

さらなる飛躍を遂げるために。資源・エネルギー・環境問題など，現代の地球規模の課題に真正面から取り組み，持続可能な社会を実現するために。これからの私たちのあるべき姿を示したものが，日立グループ・ビジョンです。

✔ 会社データ

設立年月日	大正9年(1920年)2月1日 [創業　明治43年(1910年)]
本店の所在地	郵便番号 100-8280 東京都千代田区丸の内一丁目6番6号 電話 03-3258-1111
代表者	代表執行役 執行役社長兼CEO 小島 啓二
資本金	461,731百万円(2022年3月末現在)
従業員数	29,485名(2022年3月末現在)
連結従業員数	368,247名(2022年3月末現在)
売上高	1,623,424百万円(2022年3月期)
連結売上収益	10,264,602百万円(2022年3月期)

✔ 仕事内容

技術系職種

研究開発

事業発展に不可欠な技術開発、特定目的の素材研究や製品に直結した研究、グローバルなネットワークづくりのための総合的なシステム開発など、R&D 部門のエンジニアが扱うテーマは、基礎研究から応用研究まできわめて幅広く、クリエイティビティとチャレンジ精神が求められる仕事です。その活動拠点は世界5極（日本、北米（米州）、欧州、中国、APAC（Asia-Pacific））にあり、グローバルに連携して研究を推進しています。

設計開発

進化する技術を反映し、製品として結実させ世の中に新しい価値を提供していくことが、設計開発の役割です。日立の技術力をバックボーンに、時々刻々と変化するマーケット動向や社会的ニーズに即応して、機器やシステムの企画・開発から製品化までを手がけます。例えば、IT 分野ではサーバなどのハードウェアやソフトウェア、インダストリー分野では各種発電設備、モビリティ分野では交通システムや昇降機などを開発・製品化しています。

品質保証

「品質の番人」として、製品・システムが安心・安全であることをチェックするのが品質保証です。常にお客様の立場に立ち、上流工程から製品・システムが所定の機能・性能・耐久性などを確実にクリアしているかどうかをチェックし、問題の発生を未然に防ぎます。「品質こそ日立製品の本質」をテーマに、品質保証技術の開発・実用化を推進することも仕事です。各事業グループ・事業部門において、厳密なチェックを実施しています。

生産技術

生産技術エンジニアは、生産量の拡大、生産効率の向上を技術面から実現させていく役割を担っています。横浜研究所を研究拠点として、それぞれの事業部が生産技術部門を設置。これらを中核として、生産効率拡大のための生産技術の開発・実用化を追求し、製品のコストパフォーマンスを高めています。情報システムの構築活動に生産性向上の面から寄与するソフトウェア生産技術エンジニアも含め、その活躍の場は、全事業分野に広がっています。

知的財産マネジメント

特許権、実用新案権、意匠権、コンピュータプログラムなどの著作権、またトレードシークレットなどの企業の知的財産を保全し、活用するのが知的財産マネジメントの仕事。ビジネスの領域が世界に広がり、技術提携や M&A なども日常化する中、メーカーの企業戦略において重要な課題の一つとなっています。日立の取り組みは、世界からも注目されています。法律関係の知識はもとより、先端技術への関心や語学力、対外的な交渉力など多方面の能力が求められます。

事務系職種

調達

資材購買、外注管理、資材管理、国際調達など常に世界経済と連動している調達の仕事は、ダイナミックかつグローバルなものです。取り扱う商品は、小は半導体から大は大型発電プラントまでと、総合商社を思わせる間口の広さです。バイヤーとして海外を駆け巡る者もいれば、適正な資材管理のシナリオを描く商社型コミュニケーターの役割を果たす者もいます。国際調達ともなると、海外拠点に常駐し、熾烈な国際競争の中でよりコストパフォーマンスの高い資材を求めて、グローバルな活動を展開しています。世界企業・日立を体感できる仕事でもあります。

生産管理

需要の予測・分析により策定した計画に基づき、最適な生産規模とタイミングを指示する生産管理は、いわば需要と生産をつなぐキーステーションです。どの製品を、いつ、どれだけ生産するかで、将来の日立のビジネス規模が決まってくることもあるだけに、情報収集と分析には万全を期す必要があります。これに対し、自ら描いたシナリオにそって工程の進捗を管理する工程管理は、ラインを動かす生産現場のディレクターと言えます。いずれも、事業所の経営スタッフとして、営業と生産・開発現場を結ぶコントロールタワーの役割を担います。

営業

仕事の性質は市場を創造するプロデューサー。取り扱う製品・サービスは、ハードウェアやソフトウェアなどの製品やそれらを統合したシステム。さらに、大

きくシステム化されたビル・工場・プラント・都市のインフラまで、広範囲にわたります。営業の基本となるのは、日立の総合力をフルに活用し、いかにお客様と社会に貢献するかを考えて行動すること。マーケットを切り拓き、製品を生み出し、お客様の経営システムまで提案する、スケールの大きな仕事です。

人事

柔軟な組織を築くこと、職場環境を整え、社員の幸福を実現することは、企業にとって極めて重要なミッションであり、この実現こそ人事総務部門の役割といえます。人事部門は、公平かつ客観的な視点でのアセスメントや制度に対するコンサルティングを行い、日立約 30,000 人の人事全般と教育、組織づくりを担っています。「企業は人なり」といわれるように、その役割は企業経営の根幹に関わるものです。経営戦略の視点を持ちつつ、社員が働きやすく、地域・社会とも共存できるような環境・組織の整備を図り、福利厚生などの充実を通じて社員の幸福を追求していきます。

経理財務

企業にとっては、収益を上げ成長を続けることが必要不可欠であり、経営の基盤は、ヒト・モノ・カネ・情報が大きな柱となります。その重要なポイントである「カネ」の流れを管理しているのが経理財務部門です。主な役割は、経営の新たな戦略を数字の面から考えていくことです。徹底したリスク・マネジメントのもと、情報を収集・分析し、ビッグビジネスを生み出すなど、オール日立の舵取り役を担っていると言えます。そうした意味で、経理財務部門は経営のコントロールタワーなのです。

法務

文字通り、法律に関わる業務を一手に引き受けるのが法務です。契約書作成のアドバイス、法的トラブルへの対処、M＆Aに関するマネジメントも業務に含まれ、会社規則の制定・改廃、官公庁への届出や法的規定のある文書の作成、法律改正に伴う書類作成・管理の変更などを行います。最近、"戦略法務" と呼ばれるように、他社との技術提携や合弁企業設立などに際して、法的見地から企業経営そのものに関わり、トップの判断をサポートする役割も期待されます。

事業企画

「商品企画」「営業企画」など、日立にはさまざまな企画部門がありますが、日

立のビジネスの進むべき道を決めていく「事業企画」を代表例としてご紹介します。具体的な仕事内容としては、社内外の研究機関と連携しながら、政治・経済・社会・技術などの外的環境を分析し、市場や顧客ニーズを分析します。その上で、業績値や市場シェアなどの観点から、マーケットにおける自社のポジション、競合他社の強み・弱みなどを把握します。そうして、事業グループ全体の事業計画立案、重点分野の商品／販売企画、戦略的アライアンスの推進などを実行していきます。「世の中の動きに対してアンテナが高いこと」「世の中の動きを事業として捉え、事業シナリオが描けること」「事業シナリオをきちんと数値化できること」といった能力が求められる仕事です。

技術・ジム共通

SE（システムエンジニア）

政府・自治体、企業などとめざす未来を共有し、それを実現するシステムを企画・設計・開発するのが SE の仕事。ただシステムを設計するだけでなく、どんなサービスを実現するのか、それを使って働く人々とどう連携するのか、サービスそのものや業務の内容にもかかわります。実は机を離れて、多くの人に出会い議論することも多い仕事。システムのプロとして専門技術に通じ、日立発の新しい技術を生み出すプロもいます。さまざまなプロの形がある仕事です。

営業技術

営業活動を技術的側面から支援する仕事です。

お客様のニーズを実現するために解決すべき技術的課題の抽出、社内の各関連部署と調整などを行い、ソリューション設計の礎を築いていく。また、単に製品を納めるだけでなく、お客様自身が気付けていない問題や課題を探求し、日立グループの総合力を活用して具体的解決策まで提供していきます。

✔ 先輩社員の声

いつか，新興国にインフラを。
その日は確実に近づいている。

【鉄道ビジネスユニット／ 2010 年入社】
パキスタンの地で，自分に誓った志。

私は今も忘れません。中学生の時に，テレビから飛び込んできたあの衝撃的な映像を。
2001 年のアメリカ同時多発テロ事件。「なぜこんなことが起きてしまうのだろう……」。
敵・味方という単純な図式で世界を二分したくはない。世界の人々が，どんなバックグラ
ウンドと思想・価値観を持っているのか，きちんと理解したい。そう思い，まずはイスラー
ム教を学ぼうと決意しました。高校卒業後の進学先も，イスラーム圏への留学可能な提携
校を持っている大学を選び，イスラーム国家であるパキスタンへ留学しました。そして世
界の現実に直面し，さらなる衝撃を受けます。

同国では電力の供給が需要に追い付かず，毎日 8 〜 12 時間の計画停電がありました。
また，留学先の大学の仲間たちは，誰もが抜群に優秀なのに，雇用の機会自体に恵まれて
いませんでした。産業基盤が圧倒的に未発達で，意欲も才能も充分な若者の将来の選択肢
が乏しいという現実。僭越ながら，「力になりたい」と思いました。しかしこれほど大き
な問題に立ち向かうには，自分はあまりに無力すぎました。「社会に出て，自分を鍛えて，
新興国に貢献できるだけの力をつけるんだ」。自分にそのように誓いました。

就活で軸にしたキーワードは"インフラ支援"。メーカー・商社・独立行政法人などを回
りましたが，自らの手でサステイナブルなインフラを創り出しているメーカーに魅力を感
じていきました。そしてやがて，当時の日立が発信していた採用スローガンに出会います。
< not only product, but Life. >。この短い一文に，日立という会社の体温と理念を感
じました。利益至上主義をとらずに，社会貢献を前面に打ち出してグローバル展開してい
る日立。知れば知るほど共感し，まさしく自分が行くべき場所だと思いました。

モノに縛られず，裁量大きく。

日立では，「やりたいようにやってみろ。責任は私が取る」と，上司が裁量大きく任せて
くれます。そして，お客様と最前線で対峙している営業の主張には，技術部門も真剣に耳
を傾けてくれます。構想と戦略をもって周囲を巻き込めば，営業からムーブメントを起こ
していける。そこが魅力ですし，そのチャンスは今後ますます増大していきます。お客様
と一緒に経営課題を発掘してビジネスを創出する，"協創"に力を入れているからです。
モノに縛られずに，新しいサービスを続々と生み出していく可能性に満ちています。

私の今後の目標であり志でもあるのは，やはり新興国のインフラ支援。この志は，学生時
代よりも成熟してさらに大きなものになりました。泥臭く信頼構築してきたからこそ絆が
強固になった日本の鉄道会社様と，共に海外へ出ていきたいのです。日本の鉄道会社様の
海外展開の動きはすでに始まっている。念願の"その日"の足音が，聞こえてくる気がし
ます。

募集対象	国内大生：高等専門学校または、大学学部・修士・博士課程を2024年3月末までに卒業(修了)見込みの方、および既に卒業された方で新規卒業予定者と同等の枠組みでの採用を希望される方(職歴の有無は問いません)※ ※博士課程後期修了予定者の応募について 　博士課程後期修了予定の方は、新卒採用、経験者採用いずれでも応募が可能です。但し、重複応募は不可、経験者採用の場合は、各求人の要件に合致する場合のみご応募いただけます。 海外大生：大学学部・修士・博士課程を2024年9月末までに卒業(修了)見込みの方、および既に卒業された方で新規卒業予定者と同等の枠組みでの採用を希望される方(職歴の有無は問いません)
募集職種	研究開発、設計開発、生産技術、品質保証、システムエンジニア(SE)、営業、営業技術、経理財務、調達、人事、生産管理、法務、知的財産マネジメント、事業企画など
募集学科	文系：法律、政治、経済、経営、商、文、教育、外国語など 理系：機械工学系、電気・電子・通信工学系、情報工学系、化学系、物理学系、数学系、経営工学系、土木工学・建築・環境工学系、エネルギー・資源工学系等
勤務予定地	全国各事業所，及び海外事業所
勤務時間 休憩時間	実働7時間45分　休憩45分 (時間帯は事業所により異なる)
所定労働時間を超える労働の有無	業務上の都合によりやむを得ない場合に、実働時間を延長(早出、残業又は呼出)することがある
初任給	〈2024/4月予定(( )内は2023/4実績)〉 大学修士修了：未定(257,000円) 大学学部卒業：未定(232,000円) 高専卒業：未定(201,000円) 上記以外の区分での新卒採用者、および経験者採用者については、既入社の者との均衡並びに本人の技能、経験及び職務の内容等を勘案の上、個別に決定する。また、AI・デジタルへのマッチングにより採用されたものについては、既入社の者との均衡並びに本人の技能及び職務の内容等を勘案の上、初任給以上の給与を個別に適用することがある。

勤務形態	・フレックスタイム制度有 　　対象者は、担当職務の内容・職務遂行の態様に基づき 　　個別に決定する ・裁量労働制度有 　　対象者は、担当職務の内容・職務遂行の態様に基づき 　　個別に決定する 　　裁量労働制の場合のみなし労働時間7.75時間／日
休日休暇	完全週休二日制　年間休日127日(2023年度) 年次有給休暇24日
通勤費	全額支給
賞与	年2回
賃金改訂	年1回
労働組合	有り
加入保険	雇用保険，労災保険，健康保険，厚生年金保険，介護保険
福利厚生	住宅支援制度(寮、手当等)、財形制度、持株制度、カフェテリアプラン　家族手当　通勤手当　等
海外派遣	社費海外留学／マサチューセッツ工科大、イリノイ大、スタンフォード大など欧米の主要大学に派遣　海外業務研修／アメリカ、ヨーロッパ、アジア等の海外現地法人に派遣　海外社外派遣研修／海外に関する課題研究のため、海外大学、ビジネススクール等に派遣　その他／学会出席、海外事情調査など毎年多数の若手を海外に派遣
就業場所における屋内の受動喫煙対策	屋内全面禁煙または空間分煙された屋内喫煙所あり(事業所により異なる)

✔ 採用の流れ （出典：東洋経済新報社『就職四季報』）

エントリーの時期	【総・技】3月〜継続中
採用プロセス	【総】ES提出→Webテスト→面接（複数回）→内々定 【技】ES提出→Webテスト→ジョブマッチング面談（複数回）→内々定　※面談はマッチング単位別に実施　複数分野への併願可
採用実績数	<table><tr><td></td><td>技術系</td><td>事務系</td></tr><tr><td>2022年</td><td colspan="2">600</td></tr><tr><td>2023年</td><td colspan="2">600</td></tr><tr><td>2024年</td><td colspan="2">600</td></tr></table>※採用予定数
採用実績校	【文系】 北海道大学，東北大学，東京大学，名古屋大学，京都大学，大阪大学，九州大学，一橋大学，神戸大学，早稲田大学，慶應義塾大学，同志社大学　他 【理系】 北海道大学，東北大学，東京大学，名古屋大学，京都大学，大阪大学，九州大学，一橋大学，神戸大学，早稲田大学，慶應義塾大学，同志社大学　他

✔2023年の重要ニュース (出典：日本経済新聞)

■日立、独蘭の洋上風設備受注へ　英社と1兆8800億円（3/31）

　日立製作所は31日、エネルギーインフラのEPC（設計・調達・建設）大手の英ペトロファックと組み、オランダとドイツの6つの洋上風力発電で送配電システムを受注すると発表した。受注総額は130億ユーロ（約1兆8800億円）。長距離間を効率的に送電できる「高圧直流送電（HVDC）」の変換設備を納入し、洋上で発電した電力を陸地に送る電力網の整備を支援する。

　送配電子会社の日立エナジーとペトロファックが、独蘭の送電大手のテネットとHVDC関連施設に関する包括提携を締結した。2026年までに6つの洋上風力の連係システムを受注し、日立は31年までに納入する。電力容量は2ギガ（ギガは10億）ワット、電圧は525キロボルトで、洋上風力向けとしてはいずれも世界最大規模という。

　NPO組織の洋上風力世界フォーラムによると、運用中の世界の洋上風力発電容量は2022年に57.6ギガワットで、5年で3.4倍に拡大した。洋上風力は海上で発電した電力を陸上まで送る必要があり、HVDCは同分野での需要拡大が見込まれている。

■日立、家電の値引き防止制度　全製品の1割で価格指定（9/26）

　日立製作所は26日、家電の販売価格を指定する制度を国内市場向けに始めると発表した。11月以降に発売する洗濯機や冷蔵庫、掃除機、調理家電など白物家電全製品の約1割を対象に価格を指定する。家電大手による指定価格はパナソニックホールディングス(HD)に次いで2社目となる。中国勢の台頭で価格競争が激しくなるなか、収益源の高価格帯製品について値引きを抑制して収益確保を急ぐ。

　日立の家電子会社、日立グローバルライフソリューションズ（GLS）が10月4日から家電量販店や地域家電店などを対象に「日立家電品正規取扱店」制度を始める。正規取扱店は日立が認定し、家電の販売から設置、修理まで手がける店舗。今後は正規取扱店のみに指定価格対象となる製品を卸す方針で、すでに家電量販店や地域販売店など1万5500店が制度に参加する見通しだという。

　価格指定した家電について、日立は販売店側からの返品に応じる。販売状況によっては発売後に価格改定する。独占禁止法はメーカーが販売価格を拘束することを禁止している。日立GLSの宮野譲取締役最高マーケティング責任者（CMO）は「公正取引委員会に量販店や地域家電店と結ぶ予定の契約書を見てもらった。日立が在庫リスクを負うことで価格指定ができるようになる」と語った。

日立が値引き抑制に踏み切るのは、家電の価格下落による収益低下が著しいからだ。国内家電市場では海爾集団（ハイアール）や海信集団（ハイセンス）をはじめ中国勢が普及価格帯を中心に一定のシェアを持つ。競争激化を受けて日立では商品によっては発売から 1 年で 2 ～ 4 割程度値下がりする商品もあるという。日立は実質的な販売奨励金の負担を含む形で卸売価格を設定していたが、今後はその負担がなくなることで卸売価格の低下を防げる。

■日立、生成 AI で交通画像を説明　画像を検索しやすく（11/21）

日立製作所は 21 日、生成 AI（人工知能）を使って車載カメラの映像から交通状況を説明する文章を自動的に作る技術を開発したと発表した。必要な画像を単語などで検索できるようになり、自動運転や先進運転支援システム（ADAS）などのシステム開発を効率化する。2024 年 9 月の事業化を目指す。

自動運転向けの画像認識などの AI ソフト開発では、特定の場面のデータを学ばせる必要がある。これまでは必要な画像を検索できるように、車載カメラで撮影した映像から人が必要な部分を選び、説明文を作成することが多い。AI 開発では学習データを作る作業が全体の 8 割を占めている。

一般的な生成 AI による説明文の作成は、一般道と高速道路の区別ができないなど、道路の交通状況を正確に説明することが難しかった。日立は交通状況について生成 AI が答えられるように指示を出すシステムを開発した。

24 年 9 月までに事業化し、25 年には自動車メーカーなど 2 ～ 3 社の導入を目指す。収益モデルなどは今後詰める。ビルや工場向けの監視カメラの画像の説明文を作るシステム開発も検討する。

■日立、「最高 AI 変革責任者」を新設　主要 3 部門で（12/7）

日立製作所は 7 日、生成 AI（人工知能）の事業で活用を推進する役職を新設したと発表した。「環境」「IT」「産業」の主要 3 部門ごとに責任者を置く。社内で研究開発した AI システムを顧客に販売する戦略の策定などを手掛ける。

新設した「Chief AI Transformation Officer（最高 AI 変革責任者）」は各部門での AI の活用事例などをとりまとめ、全社に共有する役割も担う。AI を取り扱うための人材教育などにも取り組む。

日立は生成 AI を扱う人材を部署横断型で集めた専門組織「ジェネレーティブAI センター」を 5 月に開設した。鉄道車両や電力プラントの内部をメタバース（仮想空間）映像で再現し、生成 AI が指示を出すシステムなど様々な研究開発を進めている。

✔2022年の重要ニュース (出典:日本経済新聞)

■日立、工場自動化システムで新会社　グループを集約 (1/26)

　日立製作所は4月、工場や倉庫の自動化システムの新会社を設立する。国内グループ各社に分散していた産業用ロボットを制御するシステムを集約する。新型コロナウイルスの感染拡大に伴い拡大する工場の省人化の需要をアジアを中心に開拓する。

　新会社の日立オートメーション（東京・千代田）を4月1日に発足させる。資本金は3億円で従業員数は200人。日本とアジアを中心に事業を展開し、初年度の2022年度に100億円の売上高を見込む。

　産業機械子会社の日立産機システムや、19年に買収した自動車向け溶接ラインを手掛けるケーイーシー（岐阜県各務原市）の持つロボット制御システムの技術やノウハウを集約する。日立はあらゆるモノがネットにつながるIoTの技術基盤「ルマーダ」の成長の軸に据えており、ロボット制御技術との相乗効果を狙う。

　日立は19年にロボットを使った生産システムを手掛ける米JRオートメーションテクノロジーズを買収し、米欧を中心に工場の自動化需要を取り込んでいる。新会社はJRオートメーションが手薄だった日本とアジアで事業を展開し、自動車や医療、物流など日立本体の顧客層の自動化ラインの需要を開拓する。

■日立、9割をジョブ型採用　22年度新卒・中途計画 (3/16)

　日立製作所は16日、2022年度の新卒と中途採用のうち9割を職務の内容を明確にし、それに沿う人材を起用する「ジョブ型雇用」にすると明らかにした。同社は7月に本体の全社員にジョブ型雇用を広げる。年功色の強い従来制度を脱し、変化への適応力を高める動きを進める。

　来年度は23年春の新卒者と中途採用を含めて、21年度計画比100人増の1150人を採用する。そのうち中途採用の500人と、技術系の大卒と院卒の500人、専門の事務職30人をジョブ型とする。

　ジョブ型採用では職務に必要な能力や経験をまとめた職務定義書（ジョブディスクリプション）を明示し、採用活動を実施する。その他の事務系社員70人と高卒採用50人は仕事をあらかじめ定めない従来型の採用形式となる。

　21年度から始めたジョブ型のインターンシップの募集人数を400人と、前年度から100人増やす。職務定義書で必要な能力や経験を明示し、実際の職場で2週間〜1カ月間、業務を体験してもらう。

■「第３の年金」12万人に拡大　運用リスク労使で分担（6/23）

　日立製作所は企業年金の運用リスクを労使で分担する制度をグループ会社に全面導入する。12万人が対象となる。積み立て不足が発生して年金財政が悪化するのを避ける一方、企業が運用を担い従業員の資産形成を後押しする。企業か従業員のいずれかが負担する制度に加え、双方に持続可能な「第３の企業年金」が企業の有力な選択肢として広がる可能性がある。

　日立が全面導入するのは「リスク分担型企業年金」と呼ばれる制度で、国内で2017年１月に創設された。企業が運用して将来の受取額を約束する「確定給付型企業年金（DB）」は企業の負担が大きく、従業員が運用を担う「確定拠出型企業年金（DC)」は従業員がリスクを負う点などで理解を得るのが難しかった。リスク分担型企業年金は、確定給付型と確定拠出型の中間的な制度だ。

　日立は退職後の給付金のうち６割を占めていた確定給付型をリスク分担型に移行する。既に本体と主要子会社の一部が19年に導入済みで、独自基金で運用する日立ハイテクなどを除く44の子会社・８万人弱が新たに22〜23年度に新制度に移る。日立企業年金基金に加入するすべてのグループ企業の12万人が対象となる。日立は新制度への移行に伴い24年３月期に関連費用440億円を計上する。

　目指すのは、運用リスクの抑制と従業員への配慮の両立だ。将来の給付額を約束する確定給付型は運用成績が悪化した場合、企業は掛け金を追加で出すことを求められ業績の悪化要因となる。一方、確定拠出型は企業の運用リスクがなくなるが、投資知識の十分でない従業員が少なくないなかで老後の資産形成が進まない恐れがある。企業年金連合会の22年の調査によると、確定拠出型を元本確保型商品のみで運用する加入者が６割以上の企業は14.5%ある。

　リスク分担型企業年金は企業が日々の運用を担いつつ、一部の運用リスクを従業員が負うのが特徴だ。企業は金融危機時のようなリスクに備え、あらかじめ多めに運用資金を拠出する。想定の範囲を超えて運用成績が悪化した場合、企業は不足分を補填せず給付額を減らして調整する。逆に運用成績が一定以上に良好であれば給付額が増える可能性もある。

　日立の連結ベースの確定給付型の年金債務は22年３月末で約１兆8700億円と国内最大級。年金資産は約１兆5900億円で、年金債務に対する年金資産の積立比率は約85%と上場企業の平均並みだ。債券など比較的リスクの低い商品を中心に運用してきたものの、過去にはたびたび運用成績が悪化し、会社側が不足分を補填してきた。リスク分担型の全面導入で業績への悪影響を抑えられるようになる。

✔2021年の重要ニュース (出典:日本経済新聞)

■日立、ジョブ型インターンを実施（3/23）

　日立製作所は 23 日、2021 年度からジョブ型インターンシップを始めると発表した。職務に必要な能力や経験をまとめた職務定義書（ジョブディスクリプション）を学生に明示した上で、長期で実務経験型のインターンを実施する。数十人規模で実施し、採用の選考には直結しないが、今後拡大が見込まれるジョブ型採用を見据えている。

　対象は大学や大学院に在籍する全学年。これまで日立は研究開発を中心に職務を特定したインターンを実施してきたが、職務定義書を示すことで求められる能力や経験を明確にする。職種をシステムエンジニア（SE）や設計開発などに拡大する。

　日立は 21 年 9 月までにすべてのポストを対象に職務定義書を整備するなど、ジョブ型の雇用制度の導入を進めている。国内では就活の過度な早期化を防ぐため、政府がインターンと採用の選考を直結させないよう求めてきた。ただ産業界からはインターンの結果をもとに、ジョブ型で学生を採用できるように求める声が出ている。

　また日立は採用計画も明らかにした。22 年度入社の新卒採用は大学・大学院・高等専門学校の卒業予定者が 600 人、高校卒業予定者は 50 人とし、21 年度と同じ規模を維持する。21 年度の中途採用も 20 年度と同規模の 400 人とする。

　採用活動は原則オンラインで実施する。新卒採用の一部では、会社があらかじめ設定した質問に対し、学生が回答をスマートフォンなどで録画する「オンデマンド面接」を継続する。リクルートスーツの着用は不要とし、面接官も自宅から面接に参加する際は、原則として自由な服装で参加するという。

■日立、量子技術で鉄道ダイヤ最適に　数日の作業を自動化（10/12）

　日立製作所は量子コンピューターを疑似的に再現する「疑似量子コンピューター」の技術を使って、鉄道ダイヤなどの運行計画を自動作成するシステムを開発する。2022 年度に商用化する乗務員の配置計画では、数日かかる作業が 30 分に短縮できた。日本は量子技術の実用化で米中に後れを取るが、企業の取り組みが進んできた。

　同社が開発した「CMOS（相補性金属酸化膜半導体）アニーリング」と呼ぶ疑

似量子コンピューターを使い、運行計画などを自動作成する。まず1つの路線の
ダイヤに合わせ、乗務員の配置シフトを作成するシステムを開発した。運行ダイ
ヤに休憩時間や泊まり勤務後の休暇などの条件を加えて作成した。

　国内鉄道会社と組み1日440本の列車が運行する区間で実証実験したところ、
約1000万の組み合わせから最適な配置を選んだ。通常は数日かかるところ大幅
に短縮でき、鉄道運行に必要な乗務員数も従来より15%減らせた。22年度を
めどに商用化し、海外展開も視野に入れる。

　乗務員の配置シフトといった組み合わせの計算は、既存の2進法をベースとす
るコンピューターでは自動化が難しいとされてきた。日立は多数の組み合わせの
中から最適なものを見つけ出す「量子アニーリング」という原理を応用して、自
動化に成功した。

　車両配置を最適化するシステムの開発も進めている。実際に運行する車両と車
両基地で保守・修繕する車両を適切に振り分けるもので、実用化すれば鉄道会社
が保有する車両数を最小限に抑えられる。線路や電気設備などの保守点検で、効
率的なルートを作成できるシステムも開発する。

　これまでベテラン従業員の経験に頼り、数日から場合によっては数カ月かかっ
ていた運行ダイヤ作成のシステム開発にも取り組む。複数の鉄道会社による相互
直通運転が広がり、ダイヤ作成や人員配置は複雑さが増している。新型コロナウ
イルスの影響で鉄道の利用者数は変動しやすく、運行計画の自動作成へのニーズ
が高まっている。

　日本の量子技術の研究開発は一定水準にあるが、実用化では米中に後れを取っ
ている。東芝やNTTなどが参加して9月に立ち上がった「量子技術による新産
業創出協議会」は、量子技術の用途拡大を主要テーマのひとつに掲げる。富士通
は宇宙ごみ（デブリ）の除去に活用する。

　矢野経済研究所（東京・中野）によると、21年度の国内の量子コンピューター
の市場規模は139億円にとどまるが、30年度に2940億円に拡大する見通しだ。

✔ 就活生情報

> 志望動機よりガクチカ重視と感じた。どういう考え方をしているのか，チームでの動き方についてなどをよく聞かれた

総合職 技術系 2022卒

エントリーシート
・内容：自分のセールスポイント／今までに最も力を入れて取り組んだ事／志望動機／デジタルを活用し日立のビジネスでどのような活躍をしたいか

セミナー
・選考とは無関係　服装：リクルートスーツ
・内容：業界説明，企業説明，職種説明，配属される事業部説明など

筆記試験
・形式：Webテスト

面接（個人・集団）
・雰囲気：普通　回数：1回
・質問内容：学生時代に目標を掲げそれに向けて頑張った経験→それ以外でのチームでの立ち回り／何か現状を打破した経験／海外志向はあるか／志望動機／何かITを使ってこういう社会課題が解決できると思いつくものはあるか／社会課題や興味のあるIT技術／特にこの分野や業種でこれに携わりたいというものはあるか／逆質問

グループディスカッション
・内容：個人ワークのあとブレイクアウトルームを作って実施。ディスカッションの後に議論に関係した事を聞かれる。逆質問もあり

内定
・拘束や指示：5営業日以内に6月選考を申し込む必要あり

▶ その他受験者からのアドバイス
・志望動機よりガクチカ重視と感じた。どういう考え方をしているのか，チームでの動き方についてなどがよく聞かれる

各面談時にフィードバックがもらえるため，志望動機などのブラッシュアップに役立ちました

事務系総合職 2021卒

エントリーシート

・形式：採用ホームページから記入
・内容：希望職種・分野を選んだ理由，これまでに最も力を入れたこと，今後社会人として挑戦し成し遂げたいこと，デジタルトランスフォーメーションにより社会課題を解決する日立でどのような活躍をしたいか

セミナー

・選考とは無関係

筆記試験

・形式：Webテスト
・科目：英語 / 数学，算数 / 国語，漢字 / 性格テスト

面接（個人・集団）

・雰囲気：和やか
・回数：3回
・質問内容：学生時代に力を入れたこと，会社や業種に対する志望動機など，面接官によってはかなる深掘りされる

内定

・拘束や指示：特になし
・通知方法：採用ホームページのマイページ

● その他受験者からのアドバイス

・模擬面談から始まる早期選考ルートに乗ると，早く内々定がもらえる

面接練習会，模擬面接会，アドバイス会といったものはすべて選考なので，名前に惑わされずに本気で挑みましょう

事務系総合職 2020卒

エントリーシート
・形式：採用ホームページから記入
・内容：志望動機，学生時代に力を入れたこと，希望職種，社会人で成し遂げたいこと　など

セミナー
・選考とは無関係
・服装：きれいめの服装
・内容：企業紹介など

筆記試験
・形式：Webテスト
・科目：英語/数学，算数/国語，漢字。内容：玉手箱。英語がとても難しい

面接（個人・集団）
・回数：2回
・質問内容：エントリーシートをかなり深堀りされる

グループディスカッション
・早期選考ルートの場合免除

内定
・拘束や指示：拘束は緩かった。内々定者懇親会がある程度
・通知方法：最終面接

企業は熱意のある新入社員を求めています。社員の方とは，積極的にメールなどを通じて交流すべき

技術系総合職 2020卒

エントリーシート

・形式：採用ホームページから記入
・内容：ゼミ・研究内容，特技・資格，インターンシップ経験，プログラミング経験，セールスポイント，最も力を入れて取り組んだこと，志望動機，グローバルに活躍するにはどうするか

セミナー

・選考とは無関係　服装：リクルートスーツ
・内容：技術系志望者向けの座談会イベント

筆記試験

・形式：Webテスト
・科目：英語 / 数学，算数 / 国語，漢字 / 性格テスト

面接（個人・集団）

・質問内容：エントリーシートに沿ったもの。特に研究内容については3分程度で説明を求められ深堀りされた。競合他社でなく日立製作所を志望する理由を明確に説明することも求められた。その他には英語力についても尋ねられた

グループディスカッション

・テーマ：4つの社会問題の内，最も解決すべきものについて議論し，それをITでどう解決すべきか。個人ワークの後に1つランダムで担当し議論

内定

・拘束や指示：2回のフィールドマッチング面談を通過すると実質内々定となる。このあと6月選考へ参加した以降の辞退は遠慮いただきたいと言われた

▶ その他受験者からのアドバイス

・就活で大事なのは自分に自信を持つこと。自信があれば面接でも過度な緊張もせずに堂々と的確に質問に答えることができ，素直な自分らしさを面接官にアピールできる

今後の展望についてよく考えたうえで会社選びを行うべきだと思います

理系SE 2019卒

エントリーシート
- 形式：採用ホームページから記入
- 内容：研究内容，志望理由，自己PR

セミナー
- 選考とは無関係
- 服装：きれいめの服装
- 内容：技術系志望者向けの座談会イベント

筆記試験
- 形式：Webテスト

面接（個人・集団）
- 雰囲気：和やか
- 回数：3回
- 質問内容：1つのことについて深堀されることが多い。理系院生にも関わらず研究の話は一切なかった

グループディスカッション
- 内容：社会課題の解決をテーマにしたグループディスカッション

内定
- 通知方法：電話

面接していただく方をよく見て，的確に相手が望む内容を答えましょう

技術系総合職 2018卒

エントリーシート

・形式：採用ホームページから記入
・内容：志望動機，グローバルに活躍できる人材か，など簡単な内容がこの他3項目

セミナー

・選考とは無関係
・服装：リクルートスーツ
・内容：日立wendsday

筆記試験

・形式：作文／Webテスト
・科目：英語／数学，算数／性格テスト

面接（個人・集団）

・雰囲気：普通
・回数：3回
・質問内容：面談をしてくださる方次第ですが，話を親身に聞いていただけました

内定

・通知方法：電話

● その他受験者からのアドバイス

・面接官，リクルータ，人事，社員の方がどの方も丁寧でした

志望動機よりは，これまで何をやってきたや何を頑張ってきたかなどを重点的に聞かれます

事務系総合職 2018卒

エントリーシート

・形式：採用ホームページから記入
・内容：希望職種・希望分野を選んだ理由，自分の適性・セールスポイント，今までに最も力を入れて取り組んだ事，志望動機，社会人としてどんなことに挑戦したいか。また，どのような事を成し遂げたいのか

セミナー

・選考とは無関係　服装：リクルートスーツ

筆記試験

・形式：Webテスト
・科目：英語／数学，算数／国語，漢字

面接（個人・集団）

・雰囲気：和やか
・質問内容：なぜ日立なのか，入社してどういう仕事がしたいか，志望職種の現時点での仕事のイメージ，学業面で頑張ったこと　など

グループディスカッション

・内容：「ある条件のもとで，5つの選択肢があたえられ，その中から2つ，優先度が高いと思われるものを協議して選ぶ」

内定

・拘束や指示：拘束は全くない。怖いくらいない
・通知方法：最終面接当日の夕方電話で内定をもらった

● その他受験者からのアドバイス

・選考を通してあまり志望動機を深く聞かれなかった。それよりも入社して何ができるか，したいのかの方が重視されている気がした
・本当に手ごたえのないまま内定までもらってしまったので，選考後にこれ落ちたかなと思ってもあきらめないで連絡を待ってほしいです

特に変わったことをする必要はない。企業・職種理解と志望動機の一貫性をもつことが重要だと思う

SE 2018卒

エントリーシート
・形式：採用ホームページから記入
・内容：自己PR，今までに力を入れて取り組んだこと，志望動機，どのようにグローバルに活躍したいか

セミナー
・選考とは無関係　服装：リクルートスーツ
・内容：最初に全体の説明をされた後，社員の方との座談会のような形で各部署がどんなことをしているのか説明し，質疑応答を行った

筆記試験
・形式：Webテスト　科目：数学，算数／国語，漢字

面接（個人・集団）
・雰囲気：和やか
・質問内容：志望動機，人に誇れるエピソード，モチベーショングラフ，仕事理解，会社選びの軸 など，幅広く，何故そう考えたか，なぜそう行動したのか深く追求される

グループディスカッション
・内容：4つのテーマがあり，1人1テーマ与えられ，最初に個人ワークとしてそれについて調べる，考える。その後30分で各テーマについて議論する

内定
・拘束や指示：学校推薦で受けていたため，マッチング成立を承諾した場合は断ることができない

● その他受験者からのアドバイス
・1次FM面談，2次FM面談，最終選考全てで交通費をかなり多めに貰えた。またマッチング成立すれば実質的な内々定となり，就活を終了できるので，選考が早いのはありがたかった

初めは幅広く業界研究をし，なるべくたくさん説明会に出てみてください。自分にマッチすると感じる企業が見つかるはずです

技術総合職 2017卒

エントリーシート

・形式：採用ホームページから記入
・内容：長所を活かして将来企業で実現したいこと

セミナー

・筆記や面接などが同時に実施される，選考と関係のあるものだった
・服装：全くの普段着

筆記試験

・形式：Webテスト
・科目：英語／数学，算数／国語，漢字

面接（個人・集団）

・雰囲気：和やか
・回数：3回
・質問内容：人柄に関する基本的な質問，研究についてなど

内定

・拘束や指示：FM成立後の後付推薦状の提出
・通知方法は，WEB上のメールボックス

その企業でどうしてもやりたい仕事がある場合は推薦を取得し，なるべく早くエントリーし，なるべく早い日程に臨みましょう

総合職 (自由応募) 2017卒

エントリーシート

・形式：採用ホームページから記入

セミナー

・選考とは無関係
・服装：リクルートスーツ
・内容：会社の強みや他社との比較，推薦関係について

筆記試験

・形式：Webテスト
・科目：英語／数学，算数

面接 (個人・集団)

・雰囲気：普通
・回数：4回
・質問内容：志望動機，研究内容，苦労した点，やりたい職種など

内定

・通知方法：WEB上のメールボックス

● その他受験者からのアドバイス

・リクルーターが親切だった
・希望のフィールドや職種が一瞬で埋まるので，受ける順番が早い方が有利に感じる

✔ 有価証券報告書の読み方

01 部分的に読み解くことからスタートしよう

　「有価証券報告書（以下，有報）」という名前を聞いたことがある人も少なくはないだろう。しかし，実際に中身を見たことがある人は決して多くはないのではないだろうか。有報とは上場企業が年に1度作成する，企業内容に関する開示資料のことをいう。開示項目には決算情報や事業内容について，従業員の状況等について記載されており，誰でも自由に見ることができる。

　一般的に有報は，証券会社や銀行の職員，または投資家などがこれを読み込み，その後の戦略を立てるのに活用しているイメージだろう。その認識は間違いではないが，だからといって就活に役に立たないというわけではない。就活を有利に進める上で，お得な情報がふんだんに含まれているのだ。ではどの部分が役に立つのか，実際に解説していく。

■有価証券報告書の開示内容

　では実際に，有報の開示内容を見てみよう。

有価証券報告書の開示内容

第一部【企業情報】
　第1　【企業の概況】
　第2　【事業の状況】
　第3　【設備の状況】
　第4　【提出会社の状況】
　第5　【経理の状況】
　第6　【提出会社の株式事務の概要】
　第7　【提出会社の状参考情報】
第二部【提出会社の保証会社等の情報】
　第1　【保証会社情報】
　第2　【保証会社以外の会社の情報】
　第3　【指数等の情報】

有報は記載項目が統一されているため，どの会社に関しても同じ内容で書かれている。このうち就活において必要な情報が記載されているのは，第一部の第1【企業の概況】～第5【経理の状況】まで，それ以降は無視してしまってかまわない。

02 企業の概況の注目ポイント

　第1【企業の概況】には役立つ情報が満載。そんな中，最初に注目したいのが，冒頭に記載されている【主要な経営指標等の推移】の表だ。

回次		第25期	第26期	第27期	第28期	第29期
決算年月		平成24年3月	平成25年3月	平成26年3月	平成27年3月	平成28年3月
営業収益	（百万円）	2,532,173	2,671,822	2,702,916	2,756,165	2,867,199
経常利益	（百万円）	272,182	317,487	332,518	361,977	428,902
親会社株主に帰属する当期純利益	（百万円）	108,737	175,384	199,939	180,397	245,309
包括利益	（百万円）	109,304	197,739	214,632	229,292	217,419
純資産額	（百万円）	1,890,633	2,048,192	2,199,357	2,304,976	2,462,537
総資産額	（百万円）	7,060,409	7,223,204	7,428,303	7,605,690	7,789,762
1株当たり純資産額	（円）	4,738.51	5,135.76	5,529.40	5,818.19	6,232.40
1株当たり当期純利益	（円）	274.89	443.70	506.77	458.95	625.82
潜在株式調整後1株当たり当期純利益	（円）	―	―	―	―	―
自己資本比率	（％）	26.5	28.1	29.4	30.1	31.4
自己資本利益率	（％）	5.9	9.0	9.5	8.1	10.4
株価収益率	（倍）	19.0	17.4	15.0	21.0	15.5
営業活動によるキャッシュ・フロー	（百万円）	558,650	588,529	562,763	622,762	673,109
投資活動によるキャッシュ・フロー	（百万円）	△370,684	△465,951	△474,697	△476,844	△499,575
財務活動によるキャッシュ・フロー	（百万円）	△152,428	△101,151	△91,367	△86,636	△110,265
現金及び現金同等物の期末残高	（百万円）	167,525	189,262	186,057	245,170	307,809
従業員数[ほか，臨時従業員数]	（人）	71,729 [27,746]	73,017 [27,312]	73,551 [27,736]	73,329 [27,313]	73,053 [26,147]

　見慣れない単語が続くが，そう難しく考える必要はない。特に注意してほしいのが，**営業収益**，**経常利益**の二つ。営業収益とはいわゆる**総売上額**のことであり，これが企業の本業を指す。その営業収益から営業費用（営業費（販売費＋一般管理費）＋売上原価）を差し引いたものが**営業利益**となる。会社の業種はなんであれ，モノを顧客に販売した合計値が営業収益であり，その営業収益から人件費や家賃，広告宣伝費などを差し引いたものが営業利益と覚えておこう。対して経常利益は営業利益から本業以外の損益を差し引いたもの。いわゆる金利による収益や不動産収入などがこれにあたり，本業以外でその会社がどの程度の力をもっているかをはかる絶好の指標となる。

■会社のアウトラインを知れる情報が続く。

　この主要な経営指標の推移の表につづいて、「会社の沿革」、「事業の内容」、「関係会社の状況」「従業員の状況」などが記載されている。自分が試験を受ける企業のことを、より深く知っておくにこしたことはない。会社がどのように発展してきたのか、主としている事業はどのようなものがあるのか、従業員数や平均年齢はどれくらいなのか、志望動機などを作成する際に役立ててほしい。

03 事業の状況の注目ポイント

　第2となる【事業の状況】において、最重要となるのは**業績等の概要**といえる。ここでは1年間における収益の増減の理由が文章で記載されている。「○○という商品が好調に推移したため、売上高は△△になりました」といった情報が、比較的易しい文章で書かれている。もちろん、損失が出た場合に関しても包み隠さず記載してあるので、その会社の1年間の動向を知るための格好の資料となる。

　また、業績については各事業ごとに細かく別れて記載してある。例えば鉄道会社ならば、①運輸業、②駅スペース活用事業、③ショッピング・オフィス事業、④その他といった具合だ。**どのサービス・商品がどの程度の売上を出したのか**、会社の持つ展望として、今後**どの事業をより活性化**していくつもりなのか、などを意識しながら読み進めるとよいだろう。

■「対処すべき課題」と「事業等のリスク」

　業績等の概要と同様に重要となるのが、「**対処すべき課題**」と「**事業等のリスク**」の2項目といえる。ここで読み解きたいのは、その会社の**今後の伸びしろ**について。いま、会社はどのような状況にあって、どのような課題を抱えているのか。また、その課題に対して取られている対策の具体的な内容などから経営方針などを読み解くことができる。リスクに関しては法改正や安全面、他の企業の参入状況など、会社にとって決してプラスとは言えない情報もつつみ隠さず記載してある。客観的にその会社を再評価する意味でも、ぜひ目を通していただきたい。

　次代を担う就活生にとって、ここの情報はアピールポイントとして組み立てやすい。「新事業の○○の発展に際して……」、「御社が抱える●●というリスクに対して……」などという発言を面接時にできれば、面接官の心証も変わってくるはずだ。

　最後に注目したいのが，第5【経理の状況】だ。ここでは，簡単にいえば【主要な経営指標等の推移】の表をより細分化した表が多く記載されている。ここの情報をすべて理解するのは，簿記の知識がないと難しい。しかし，そういった知識があまりなくても，読み解ける情報は数多くある。例えば**損益計算書**などがそれに当たる。

連結損益計算書

(単位：百万円)

	前連結会計年度 (自 平成26年4月1日 至 平成27年3月31日)	当連結会計年度 (自 平成27年4月1日 至 平成28年3月31日)
営業収益	2,756,165	2,867,199
営業費		
運輸業等営業費及び売上原価	1,806,181	1,841,025
販売費及び一般管理費	※1 522,462	※1 538,352
営業費合計	2,328,643	2,379,378
営業利益	427,521	487,821
営業外収益		
受取利息	152	214
受取配当金	3,602	3,703
物品売却益	1,438	998
受取保険金及び配当金	8,203	10,067
持分法による投資利益	3,134	2,565
雑収入	4,326	4,067
営業外収益合計	20,858	21,616
営業外費用		
支払利息	81,961	76,332
物品売却損	350	294
雑支出	4,090	3,908
営業外費用合計	86,403	80,535
経常利益	361,977	428,902
特別利益		
固定資産売却益	※4 1,211	※5 838
工事負担金等受入額	※5 59,205	※5 24,487
投資有価証券売却益	1,269	4,473
その他	5,016	6,921
特別利益合計	66,703	36,721
特別損失		
固定資産売却損	※6 2,088	※6 1,102
固定資産除却損	※7 3,957	※7 5,105
工事負担金等圧縮額	※8 54,253	※8 18,346
減損損失	※9 12,738	※9 12,297
耐震補強重点対策関連費用	8,906	10,288
災害損失引当金繰入額	1,306	25,085
その他	30,128	8,537
特別損失合計	113,379	80,763
税金等調整前当期純利益	315,300	384,860
法人税、住民税及び事業税	107,540	128,972
法人税等調整額	26,202	9,326
法人税等合計	133,742	138,298
当期純利益	181,558	246,561
非支配株主に帰属する当期純利益	1,160	1,251
親会社株主に帰属する当期純利益	180,397	245,309

　主要な経営指標等の推移で記載されていた**経常利益**の算出する上で必要な営業外収益などについて，詳細に記載されているので，一度目を通しておこう。

　いよいよ次ページからは実際の有報が記載されている。ここで得た情報をもとに有報を確実に読み解き，就職活動を有利に進めよう。

✔ 有価証券報告書

※抜粋

企業の概況

1　主要な経営指標等の推移

（1）　連結経営指標等の推移 ··

回　　次		国際財務報告基準				
		第150期	第151期	第152期	第153期	第154期
決算年月		2019年3月	2020年3月	2021年3月	2022年3月	2023年3月
売上収益	（百万円）	9,480,619	8,767,263	8,729,196	10,264,602	10,881,150
税引前当期利益	（百万円）	516,502	180,268	844,443	839,333	819,971
親会社株主に帰属する 当期利益	（百万円）	222,546	87,596	501,613	583,470	649,124
親会社株主に帰属する 包括利益	（百万円）	171,140	△8,465	838,237	958,008	905,819
親会社株主持分	（百万円）	3,262,603	3,159,986	3,525,502	4,341,836	4,942,854
資本合計	（百万円）	4,414,403	4,266,739	4,458,232	5,355,277	5,335,567
総資産額	（百万円）	9,626,592	9,930,081	11,852,853	13,887,502	12,501,414
1株当たり親会社株主持分	（円）	3,378.81	3,270.43	3,646.46	4,488.91	5,271.97
基本1株当たり親会社 株主に帰属する当期利益	（円）	230.47	90.71	519.29	603.75	684.55
希薄化後1株当たり親会社 株主に帰属する当期利益	（円）	230.25	90.60	518.51	602.96	683.89
親会社株主持分比率	（％）	33.9	31.8	29.7	31.3	39.5
親会社株主持分利益率	（％）	6.8	2.7	15.0	14.8	14.0
株価収益率	（倍）	15.6	34.6	9.6	10.2	10.6
営業活動に関する キャッシュ・フロー	（百万円）	610,025	560,920	793,128	729,943	827,045
投資活動に関する キャッシュ・フロー	（百万円）	△162,872	△525,826	△458,840	△1,048,866	151,063
財務活動に関する キャッシュ・フロー	（百万円）	△320,426	2,837	△184,838	202,739	△1,142,966
現金及び現金同等物の 期末残高	（百万円）	807,593	812,331	1,015,886	968,827	833,283
従業員数	（人）	295,941	301,056	350,864	368,247	322,525

（注）　1.　当社の連結財務諸表は，国際財務報告基準（以下，「IFRS」といいます。）に基づいて作成しています。

　　　　2.　当社は，2018年10月1日付で，普通株式5株につき1株の割合で株式併合を行っており，1株当た
り親会社株主持分，基本1株当たり親会社株主に帰属する当期利益及び希薄化後1株当たり親会社
株主に帰属する当期利益については，第150期の期首に当該株式併合が実施されたと仮定して，算
出しています。

　　　　3.　第152期以前の「税引前当期利益」欄には，「継続事業税引前当期利益」を表示しています。

---

point 主要な経営指標等の推移

　　　　数年分の経営指標の推移がコンパクトにまとめられている。見るべき箇所は連結の売
上，利益，株主資本比率の3つ。売上と利益は順調に右肩上がりに伸びているか，逆
に利益で赤字が続いていたりしないかをチェックする。株主資本比率が高いとリーマ
ンショックなど景気が悪化したときなどでも経営が傾かないという安心感がある。

4. 平均臨時従業員数は，従業員数の100分の10未満であったため，記載していません。

(2) 提出会社の経営指標等の推移 ·······························

回 次		第150期	第151期	第152期	第153期	第154期
決算年月		2019年3月	2020年3月	2021年3月	2022年3月	2023年3月
売上収益	(百万円)	1,927,241	1,793,250	1,678,223	1,623,424	1,631,338
経常利益	(百万円)	304,069	355,490	305,461	365,049	354,719
当期純利益	(百万円)	174,062	119,409	705,511	516,115	987,946
資本金	(百万円)	458,790	459,862	460,790	461,731	462,817
発行済株式総数	(千株)	966,692	967,280	967,885	968,234	938,083
純資産額	(百万円)	1,563,456	1,579,058	2,243,742	2,643,733	3,336,637
総資産額	(百万円)	3,934,118	4,004,408	4,982,609	5,815,620	5,940,498
1株当たり純資産額	(円)	1,617.32	1,631.97	2,318.50	2,731.77	3,557.49
1株当たり配当額		58	95	105	125	145
(うち1株当たり中間配当額)	(円)	(8)	(45)	(50)	(60)	(70)
1株当たり当期純利益	(円)	180.26	123.59	729.77	533.63	1,041.20
潜在株式調整後 1株当たり当期純利益	(円)	180.09	123.49	729.18	533.30	1,040.62
自己資本比率	(%)	39.7	39.4	45.0	45.4	56.1
自己資本利益率	(%)	11.2	7.6	36.9	21.1	33.1
株価収益率	(倍)	19.9	25.4	6.9	11.6	7.0
配当性向	(%)	50.0	76.9	14.4	23.4	13.9
従業員数	(人)	33,490	31,442	29,850	29,485	28,672
株主総利回り	(%)	95.4	86.4	137.4	170.7	202.7
(比較指標：TOPIX)	(%)	(92.7)	(81.7)	(113.8)	(113.4)	(116.7)
最高株価	(円)	3,925.0 (873.7)	4,693.0	5,515.0	7,460.0	7,463.0
最低株価	(円)	2,767.5 (692.1)	2,524.0	2,855.0	4,750.0	5,665.0

(注) 1. 当社は，2018年10月1日付で，普通株式5株につき1株の割合で株式併合を行っており，1株当た
り純資産額，1株当たり当期純利益及び潜在株式調整後1株当たり当期純利益については，第150
期の期首に当該株式併合が実施されたと仮定して，算出しています。

2. 当社は，2018年10月1日付で，普通株式5株につき1株の割合で株式併合を行っており，第150期
の1株当たり配当額58円は，株式併合前の中間配当額8円と株式併合後の期末配当額50円の合計
額です。

3. 平均臨時従業員数は，従業員数の100分の10未満であったため，記載していません。

4. 最高及び最低株価は，2022年4月4日より（株）東京証券取引所プライム市場におけるものであり，
それ以前については（株）東京証券取引所市場第一部におけるものです。なお，当社は，2018年10
月1日付で，普通株式5株につき1株の割合で株式併合を行っており，第150期の株価については，
株式併合後の最高及び最低株価を記載した上で，下段（　）内に株式併合前の最高及び最低株価を
記載しています。

5. 第153期の期首から「収益認識に関する会計基準」（企業会計基準第29号　2020年3月31日）等を
適用しており，第153期以降の主要な経営指標等については，当該基準等を適用した後の数値を記

載しています。

なお，当該基準等を適用したことを契機に，「売上高」を「売上収益」に変更しています。

2 沿革

年月	沿革
1910.	・久原鉱業所日立鉱山付属の修理工場として発足
1920. 2	・日立，亀戸の両工場を擁し，(株)日立製作所として独立
1921. 2	・日本汽船(株)より笠戸造船所を譲受，笠戸工場増設
1935. 5	・共成冷機工業(株)(後に日立プラント建設(株)に商号変更)に資本参加
1937. 5	・国産工業(株)を吸収合併，戸塚工場など7工場増設
1939. 4	・多賀工場新設，日立工場より日立研究所独立
1940. 9	・水戸工場新設
1942. 4	・中央研究所新設
1943. 9	・理研真空工業(株)を吸収合併，茂原工場増設
1944. 3	・亀有工場より清水工場独立
12	・多賀工場より栃木工場独立
1947. 4	・(株)日之出商会(現(株)日立ハイテク)設立
1949. 5	・東日本繊維機械(株)(後に(株)日立メディコに商号変更)設立
1950. 2	・日東運輸(株)(現(株)日立物流)設立
1955. 5	・日立家庭電器販売(株)(後に(株)日立家電に商号変更)設立
1956. 10	・日立金属工業(株)(現日立金属(株))，日立電線(株)分離独立
11	・日立機電工業(株)設立
1957. 6	・日立工場より国分工場独立
1959. 2	・横浜工場新設
10	・Hitachi New York, Ltd.(現 Hitachi America, Ltd.)設立
1960. 6	・(株)日本ビジネスコンサルタント(後に(株)日立情報システムズに商号変更)に資本参加
8	・日立月販(株)(後に日立クレジット(株)に商号変更)設立
1961. 2	・多賀工場より那珂工場独立 ・マクセル電気工業(株)に資本参加
8	・勝田工場新設
1962. 8	・神奈川工場新設
1963. 2	・亀戸工場より習志野工場独立

(point) **困難を極めた低収益体質からの脱却**

1990年代〜2000年代前半は低収益体質に甘んじてきた。過去の経営は，黒字であれば問題なし，また赤字事業でも黒字の可能性があればよいという考えだった。しかし，国内が低成長期に入ると状況は厳しくなった。2000年前後から事業構造改革に取り組み始めるが，対処療法にとどまり，根本的な立て直しにはつながらなかった。

4	・日立化成工業（株）（現日立化成（株））分離独立
1966. 2	・機械研究所新設
1968. 2	・多賀工場より佐和工場独立，横浜工場より東海工場独立，神奈川工場より小田原工場独立
1969. 2	・ソフトウェア工場新設
4	・青梅工場新設
8	・大みか工場新設
12	・日立建設機械製造（株）（現日立建機（株））分離独立
1970. 5	・高崎工場新設
9	・日立ソフトウェアエンジニアリング（株）設立
1971. 4	・日立電子（株）より旭工場を譲受
6	・生産技術研究所新設
1973. 2	・システム開発研究所新設
1974. 6	・土浦工場新設
11	・亀戸工場を移転し，中条工場と改称
1982. 6	・Hitachi Europe Ltd.設立
1985. 4	・基礎研究所新設
1989. 2	・Hitachi Asia Pte. Ltd.（現 Hitachi Asia Ltd.）設立
1991. 2	・佐和工場を自動車機器事業部に統合
8	・勝田工場を素形材事業部に統合，戸塚工場を情報通信事業部に統合，那珂工場を計測器事業部に統合
1992. 2	・横浜工場及び東海工場をAV機器事業部に統合
8	・家庭電器，コンピュータ及び電子デバイス担当部門の組織を工場単位から事業部単位へ変更
1993. 2	・半導体設計開発センタ，武蔵工場及び高崎工場を半導体事業部に統合
8	・清水工場を空調システム事業部に統合，中条工場及び習志野工場を産業機器事業部に統合
1994. 8	・家電事業本部及び情報映像メディア事業部を統合して家電・情報メディア事業本部と改称
10	・日立（中国）有限公司設立
1995. 2	・電力・電機，家電・情報メディア，情報及び電子部品事業を事業グループとして編成し，併せて研究開発部門の一部と営業部門を事業グループに統合
4	・（株）日立家電を吸収合併

(point) **沿革**

どのように創業したかという経緯から現在までの会社の歴史を年表で知ることができる。過去に行った重要なM＆Aなどがいつ行われたのか，ブランド名はいつから使われているのか，いつ頃から海外進出を始めたのか，など確認することができて便利だ。

1999. 4	・事業グループを再編し，それぞれを実質的独立会社として運営する経営体制に変更
2000. 10	・日立クレジット（株）が日立リース（株）と合併し，日立キャピタル（株）に商号変更
2001. 10	・計測器事業及び半導体製造装置事業を会社分割により分割し，（株）日立ハイテクノロジーズ（現（株）日立ハイテク）として再編 ・産業機械システム事業を会社分割により分割し，（株）日立インダストリイズとして再編
2002. 4	・家電事業を会社分割により分割し，日立ホーム・アンド・ライフ・ソリューション（株）として再編 ・産業機器事業を会社分割により分割し，（株）日立産機システムとして再編
10	・ディスプレイ事業を会社分割により分割し，（株）日立ディスプレイズを設立 ・通信機器事業を会社分割により分割し，（株）日立コミュニケーションテクノロジーとして再編 ・（株）ユニシアジェックス（（株）日立ユニシアオートモティブに商号変更）を株式交換により完全子会社化
2003. 1	・米国IBM社からハードディスクドライブ事業を買収し，Hitachi Global Storage Technologies Netherlands B.V. として営業開始
4	・システムLSIを中心とする半導体事業を会社分割により分割し，（株）ルネサステクノロジ（2010年4月，NECエレクトロニクス（株）と合併し，ルネサスエレクトロニクス（株）に商号変更。2013年9月，議決権所有割合の低下により，当社の関係会社ではなくなった。）を設立
6	・委員会等設置会社（現指名委員会等設置会社）に移行
2004. 10	・トキコ（株）及び（株）日立ユニシアオートモティブを吸収合併 ・ATMを中心とする情報機器事業を会社分割により分割し，日立オムロンターミナルソリューションズ（株）（後に日立チャネルソリューションズ（株）に商号変更）を設立
2006. 4	・社会・産業インフラ事業を会社分割により分割し，日立プラント建設（株），日立機電工業（株）及び（株）日立インダストリイズと統合し，（株）日立プラントテクノロジーとして再編 ・日立ホーム・アンド・ライフ・ソリューション（株）が（株）日立空調システムと合併し，日立アプライアンス（株）に商号変更
12	・クラリオン（株）を株式の公開買付けにより連結子会社化
2007. 7	・原子力関連事業を会社分割により分割し，日立GEニュークリア・エナジー（株）として再編
2009. 3	・日立工機（株）を株式の公開買付けにより連結子会社化 ・（株）日立国際電気を株式の公開買付けにより連結子会社化

(point) **歴史と共に事業内容は大きく変貌**

　戦後の会社分割を免れた日立は，電気・車両・機械・通信機・電線・鉄鋼の6部門を軸とした。1970年代には重電主体からエレクトロニクス企業へ転換。1981年には64Kビット DRAM で世界トップシェア40%，VTRが好調で一時期は家電部門の売上が全社の1/4を占めた。2003年にはLSI事業をルネサスに移管している。

	7	・（株）日立コミュニケーションテクノロジーを吸収合併 ・オートモティブシステム事業を会社分割により分割し，日立オートモティブシステムズ（株）を設立 ・コンシューマ事業を会社分割により分割し，日立コンシューマエレクトロニクス（株）を設立
	10	・事業グループを社内カンパニーに再編し，主要グループ会社と同様に独立採算による迅速な運営を徹底するカンパニー制を導入
2010.	2	・（株）日立情報システムズ，日立ソフトウェアエンジニアリング（株）及び（株）日立システムアンドサービスを完全子会社化
	4	・（株）日立プラントテクノロジー及び日立マクセル（株）を株式交換により完全子会社化（日立マクセル（株）は，2014年3月，株式の売出しにより，当社の持分法適用会社となり，また，2017年3月，株式の譲渡により，関係会社ではなくなった。）
	10	・日立ソフトウェアエンジニアリング（株）が（株）日立システムアンドサービスと合併し，（株）日立ソリューションズに商号変更
2011.	10	・日立電子サービス（株）が（株）日立情報システムズと合併し，（株）日立システムズに商号変更
2012.	3	・米国 Western Digital 社へ Hitachi Global Storage Technologies Inc. 等の持株会社である Viviti Technologies Ltd. 株式を譲渡することにより，ハードディスクドライブ事業を売却 ・（株）日立ディスプレイズ株式の譲渡により，中小型ディスプレイ事業を売却
2013.	4	・（株）日立プラントテクノロジーを吸収合併
	7	・日立金属（株）が日立電線（株）を吸収合併
2014.	2	・火力発電システム事業を会社分割により分割し，三菱日立パワーシステムズ（株）に承継（2020年9月，株式の譲渡により，関係会社ではなくなった。）
	3	・（株）日立メディコを株式交換により完全子会社化（2016年4月，当グループのヘルスケア事業の再編に伴い，（株）日立ヘルスケア・マニュファクチャリングに商号変更）
2015.	4	・中央研究所，日立研究所，横浜研究所，デザイン本部及び海外研究開発拠点を再編し，社会イノベーション協創統括本部，テクノロジーイノベーション統括本部及び基礎研究センタとする顧客起点型のグローバルな研究開発体制を確立
	10	・日立アプライアンス（株）の空調システム事業を同社と米国 Johnson Controls 社との合弁会社に承継
2016.	4	・マーケット別事業体制であるビジネスユニット制を導入
	5	・（株）日立物流を株式の一部譲渡により，持分法適用会社化
	10	・日立キャピタル（株）を株式の一部譲渡により，持分法適用会社化（2021年4月，同社と三菱UFJリース（株）との合併に伴い，当社の関係会社ではなくなった。）
2017.	3	・日立工機（株）株式の譲渡により，電動工具事業を売却

2018. 6	・（株）日立国際電気の半導体製造装置事業を売却するとともに，同社を持分法適用会社化
2019. 3	・クラリオン（株）株式の譲渡により，車載情報システム事業を売却
4	・日立アプライアンス（株）が日立コンシューマ・マーケティング（株）と合併し，日立グローバルライフソリューションズ（株）に商号変更
2020. 4	・日立化成（株）株式の譲渡により，同社事業を売却
5	・日立ハイテク（株）を完全子会社化
7	・スイスABB社から同社のパワーグリッド事業を取得し，Hitachi ABB Power Grids Ltd（後にHitachi Energy Ltdに商号変更）として営業開始
2021. 1	・日立オートモティブシステムズ（株）が（株）ケーヒン，（株）ショーワ及び日信工業（株）と吸収合併し，日立Astemo（株）に商号変更
3	・画像診断関連事業を会社分割により分割し，富士フイルムヘルスケア（株）に承継の上，同社株式の譲渡により，同事業を売却
7	・Hitachi Global Digital Holdings LLC（後にHitachi Digital LLCに商号変更）が，米国GlobaLogic社の親会社であるGlobalLogic Worldwide Holdings社を完全子会社化
2022. 8	・日立建機（株）を株式の一部譲渡により，持分法適用会社化
2023. 1	・日立金属（株）（現（株）プロテリアル）株式の譲渡により，同社事業を売却

3 事業の内容

　2023年3月31日現在，当社及び関係会社963社（連結子会社696社，持分法適用会社267社）から成る当グループは，「デジタルシステム＆サービス」「グリーンエナジー＆モビリティ」「コネクティブインダストリーズ」の3つのセクターを成長分野として位置付け，関連するビジネスユニットを各セクターに配置しています。また，「オートモティブシステム」を上記の3つのセクターに並ぶ位置づけとし，日立建機及び日立金属の2つのセグメント及びその他を加えた合計7セグメントにわたって，日立グループは，製品の開発，生産，販売，サービスに至る幅広い事業活動を展開しています。

（注）　2022年8月23日付で日立建機（株）が株式の一部譲渡によって当社の連結子会社ではなくなったこと及び2023年1月5日付で日立金属（株）が株式譲渡によって当社の関係会社ではなくなったことに伴い，2023年4月1日付で日立建機及び日立金属セグメントは廃止されています。

　日立の強みは，高品質・高信頼のプロダクトに加え，製造現場の機器・システムや鉄道，発電所などの社会インフラを動かすOT（Operational Technology：制

(point) **巨額赤字計上を経て大胆なリストラを敢行**

　リーマンショック後の09/3期決算は史上最高となる7,873億円の最終赤字を計上した。HDDや液晶パネル事業などを売却する一方，英国原子力運営会社を買収。火力事業など単体ではグローバル競争に勝てないと判断した事業については，売却する決断も下している。日本の電機会社としては例を見ないコスト削減をしようとしている。

御・運用技術），最先端のIT を併せ持ち，お客さまや社会の課題を解決するデジタル技術を活用したソリューションを提供できることです。

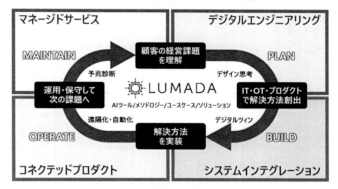

　社会やビジネスが生み出すデータが増え続ける現在，これらのデータから新たな価値を創出し，イノベーションを加速するためのエンジンが日立のLumada（ルマーダ）です。Lumadaとは，お客さまのデータから価値を創出し，デジタルイノベーションを加速するための，日立の先進的なデジタル技術を活用したソリューション，サービス，テクノロジーの総称です。Lumadaという名称は，"illuminate（照らす・輝かせる）"＋"data（データ）"に由来しています。これは日立の培ったOTにIT，プロダクトの強みを掛け合わせることで生まれました。ITやIoT（Internet of Things：モノのインターネット）の発展に伴い，社会やビジネスにおける活動から生み出されるデータは加速度的に増え続けています。日立では，これらのデータを未来の社会における新たな価値の源泉として注目し，大量のデータを活用して世の中に向けてイノベーションを創出するビジネスとして，2016年にLumada事業を立ち上げました。

　Lumada事業は，顧客の経営課題を理解した上で，その解決方法を設計・実装し，運用・保守するとともに次の課題解決に取り組むという顧客との価値協創のサイクルを，データ分析やAIといったデジタル技術を活用して構築するビジネスです。具体的には，稼働監視や故障の予兆診断による運用保守の高度化やセキュアなデータ管理を生かしたチケッティング・デジタル決済等のサービス・ソリューションの提供を進めています。プロダクトの売り切りで終わるのではなく，

(point) 事業の内容

　　会社の事業がどのようにセグメント分けされているか，そして各セグメントではどのようなビジネスを行っているかなどの説明がある。また最後に事業の系統図が載せてあり，本社，取引先，国内外子会社の製品・サービスや部品の流れが分かる。ただセグメントが多いコングロマリットをすぐに理解するのは簡単ではない。

フィー収入などソリューションの提供価値に基づく収益モデルを構築するために，「OT×IT×プロダクト」の強みを生かし，様々な業種・業務に関するノウハウを商材化し，複数のお客さまに提供可能なデジタルソリューションへと転換することで，Lumada事業の拡大を図っています。

　各セグメントにおける主な事業内容と当社のビジネスユニット（BU）及び主要な関係会社の位置付けは，概ね次のとおりです。（2022年3月31日現在）

セグメント	主な製品・サービス	BU及び主要な関係会社
デジタルシステム＆サービス	・デジタルソリューション（システムインテグレーション、コンサルティング、クラウドサービス） ・ITプロダクト（ストレージ、サーバ） ・ソフトウェア ・ATM	〔BU〕 金融BU 社会BU サービス＆プラットフォームBU 〔連結子会社〕 日立情報通信エンジニアリング 日立チャネルソリューションズ 日立ソリューションズ 日立システムズ GlobalLogic Worldwide Holdings Hitachi Computer Products (America) Hitachi Digital Hitachi Payment Services Hitachi Vantara
グリーンエナジー＆モビリティ	・エネルギーソリューション（パワーグリッド、再生可能エネルギー、原子力） ・鉄道システム	〔BU〕 パワーグリッドBU エネルギーBU 原子力BU 鉄道BU 〔連結子会社〕 日立GEニュークリア・エナジー 日立プラントコンストラクション 日立パワーデバイス 日立パワーソリューションズ Hitachi Energy Hitachi Rail
コネクティブインダストリーズ	・ビルシステム（エレベーター、エスカレーター） ・生活・エコシステム（家電、空調） ・計測分析システム（医用・バイオ、半導体、産業） ・産業・流通ソリューション ・水・環境ソリューション ・産業用機器	〔BU〕 ビルシステムBU インダストリアルデジタルBU 水・環境BU 〔連結子会社〕 日立ビルシステム 日立グローバルライフソリューションズ 日立ハイテク 日立産機システム 日立インダストリアルプロダクツ 日立産業制御ソリューションズ 日立プラントサービス 日立電梯（中国） Hitachi Industrial Holdings Americas JR Technology Group Sullair 〔持分法適用会社〕 日立国際電気 Arcelik Hitachi Home Appliances Johnson Controls-Hitachi Air Conditioning Holding (UK)

---

point 事業の柱は情報通信システム

　情報通信システムが最大のセグメントだ。営業利益の構成は7割がソフトウェア＆サービス，3割がハードウェア。国内IT市場シェアは10％程度で，5強の一角を占める。今後はストレージ事業とインフラ向けITサービスに期待。クラウドやビッグデータなど技術の進歩がインフラへのIT適用を促進。両事業を持つ強みが発揮される。

オートモティブ システム	・パワートレイン ・シャシー ・先進運転支援 ・二輪車用システム	〔連結子会社〕 日立Astemo Hitachi Astemo Americas
日立建機	・油圧ショベル ・ホイールローダ ・マイニング機械 ・保守・サービス ・土木施工ソリューション ・鉱山運行管理システム	―

(注) 1. Hitachi America, Ltd., Hitachi Asia Ltd., 日立（中国）有限公司，Hitachi Europe Ltd.及びHitachi India Pvt. Ltd.は，当グループの米州，アジア，中国，欧州及びインドにおける地域統括会社であり，当グループの製品を販売しています。

2. デジタルシステム＆サービスセグメントに属するサービス＆プラットフォームBUは，2023年4月1日付で再編され，クラウドサービスプラットフォームBUとなりました。また，同日付で，同セグメントにデジタルエンジニアリングBUが新設されました。

3. グリーンエナジー＆モビリティセグメントに属するエネルギーBUは，2023年4月1日付で廃止されました。

4. Sullair, LLCは，2023年4月12日付でHitachi Global Air Power US, LLCに商号を変更しました。。

5. 日立建機（株）は，株式の一部譲渡により，2022年8月23日付で当社の連結子会社ではなくなり，当社の持分法適用会社となりました。これに伴い，日立建機セグメントに属する会社はなくなり，2023年4月1日付で日立建機セグメントは廃止されました。

6. 日立金属（株）は，株式譲渡により，2023年1月5日付で当社の関係会社ではなくなりました。これに伴い，日立金属セグメントに属する会社はなくなり，2023年4月1日付で日立金属セグメントは廃止されました。なお，日立金属（株）は，2023年1月4日付で（株）プロテリアルに商号を変更しました。

7. 上表の他，2023年3月31日現在の主要な持分法適用会社として，日立建機（株）があります。

(point) 関係会社の状況

主に子会社のリストであり，事業内容や親会社との関係についての説明がされている。特に製造業の場合などは子会社の数が多く，すべてを把握することは難しいが，重要な役割を担っている子会社も多くある。有報の他の項目では一度も触れられていない場合が多いので，気になる会社については個別に調べておくことが望ましい。

（1） 連結子会社 ···

（2023年3月31日現在）

名　称	住　所	資本金	主要な事業の内容	議決権に対する所有割合	関係内容
				%	
㈱日立情報通信エンジニアリング	神奈川県横浜市西区	1,350	デジタルシステム＆サービス	100.0	当社がストレージ・サーバ・通信ネットワーク機器の設計・開発・製造・評価検証業務等を委託しており、役員兼任等の関係があります。
日立チャネルソリューションズ㈱	東京都品川区	8,500	デジタルシステム＆サービス	100.0	当社がATM等の情報機器を購入しており、役員兼任等の関係があります。
㈱日立ソリューションズ	東京都品川区	20,000	デジタルシステム＆サービス	100.0	当社が情報システム及びソフトウェアの開発等を委託しており、役員兼任等の関係があります。
※ ㈱日立システムズ	東京都品川区	19,162	デジタルシステム＆サービス	100.0	当社が計算事務、ソフトウェア開発並びに通信機器及びコンピュータの据付・保守を委託しており、役員兼任等の関係があります。
※ GlobalLogic Worldwide Holdings, Inc.	アメリカ カリフォルニア	千US$ 8,373,504	デジタルシステム＆サービス	(100.0) 100.0	デジタルエンジニアリングサービス事業を展開しており、役員兼任等の関係があります。
Hitachi Computer Products (America), Inc.	アメリカ オクラホマ	千US$ 14,000	デジタルシステム＆サービス	(100.0) 100.0	当社がコンピュータ周辺機器用の部品を供給しており、役員兼任等の関係があります。
※ Hitachi Digital LLC	アメリカ カリフォルニア	千US$ 9,918,641	デジタルシステム＆サービス	100.0	Hitachi Vantara LLC等を傘下にもつ持株会社であり、役員兼任等の関係があります。
Hitachi Payment Services Private Limited	インド チェンナイ	千INR 79,158	デジタルシステム＆サービス	(58.8) 100.0	インドにおいて当グループの金融機関向け決済サービスを提供しており、役員兼任等の関係があります。
※ Hitachi Vantara LLC	アメリカ カリフォルニア	千US$ 925,000	デジタルシステム＆サービス	(100.0) 100.0	当社のストレージ等の販売会社であり、また、当社がコンサルティング業務を委託しており、役員兼任等の関係があります。
日立GEニュークリア・エナジー㈱	茨城県日立市	5,000	グリーンエナジー＆モビリティ	80.0	当社が原子力発電用機器等を納入しており、役員兼任等の関係があります。
㈱日立プラントコンストラクション	東京都豊島区	3,000	グリーンエナジー＆モビリティ	100.0	当社がエネルギー・産業プラント等の建設工事を発注しており、役員兼任等の関係があります。
㈱日立パワーデバイス	茨城県日立市	450	グリーンエナジー＆モビリティ	100.0	当社が半導体部品を購入しており、役員兼任等の関係があります。
㈱日立パワーソリューションズ	茨城県日立市	4,000	グリーンエナジー＆モビリティ	100.0	当社が発電プラント部品を購入し、発電設備及び計算制御装置等の保守を委託しており、役員兼任等の関係があります。
Hitachi Energy Ltd	スイス チューリッヒ	千CHF 1,250	グリーンエナジー＆モビリティ	100.0	当社がパワーグリッド機器等を購入するパワーグリッド事業会社等を傘下にもつ持株会社であり、役員兼任等の関係があります。
※ Hitachi Rail Ltd.	イギリス ロンドン	千£Stg. 878,181	グリーンエナジー＆モビリティ	100.0	当社の鉄道システム製品の製造・販売・エンジニアリング・保守をしており、役員兼任等の関係があります。

(point) **高機能素材で高いシェアを獲得**

　日立金属は2013年7月に業績不振に陥っていた日立電線を吸収合併した。上場会社の日立金属と日立化成の2社で構成されるセグメントが高機能材料だ。売上の3割を自動車関連材料が占め，アモルファス金属材料やネオジム磁石，リチウムイオン電池負極材，粉末冶金製品（自動車用バルブガイドやハブ）など高シェア製品を持つ。

名　称	住　所	資本金	主要な事業の内容	議決権に対する所有割合	関係内容
㈱日立ビルシステム	東京都千代田区	5,105	コネクティブインダストリーズ	100.0	当社の開発したエレベーター及びエスカレーターの設計・製造・販売・据付・保守等をしており、役員兼任等の関係があります。
日立グローバルライフソリューションズ㈱	東京都港区	20,000	コネクティブインダストリーズ	100.0	当グループの家電製品の製造・販売及び空調・冷凍機器の販売・システム工事・据付・保守等をしており、役員兼任等の関係があります。
㈱日立ハイテク	東京都港区	7,938	コネクティブインダストリーズ	100.0	当社が同社を通じて、情報機器・電力関連部品等の販売又は購入をしており、役員兼任等の関係があります。
㈱日立産機システム	東京都千代田区	10,000	コネクティブインダストリーズ	100.0	当社が産業機器を購入しており、役員兼任等の関係があります。
㈱日立インダストリアルプロダクツ	東京都千代田区	10,000	コネクティブインダストリーズ	100.0	当社が産業機器を購入しており、役員兼任等の関係があります。
㈱日立産業制御ソリューションズ	東京都台東区	3,000	コネクティブインダストリーズ	100.0	当社が情報制御システムの開発等を委託しており、役員兼任等の関係があります。
㈱日立プラントサービス	東京都豊島区	3,000	コネクティブインダストリーズ	100.0	当社が産業・公共プラント等の建設工事やサービス業務を発注しており、役員兼任等の関係があります。
日立電梯（中国）有限公司	中国広州市	千RMB 538,806	コネクティブインダストリーズ	(70.0) 70.0	当グループのエレベーター及びエスカレーターの中国における販売・据付・保守等をしており、役員兼任等の関係があります。
※ Hitachi Industrial Holdings Americas, Inc.	アメリカイリノイ	千US$ 2,102,670	コネクティブインダストリーズ	(100.0) 100.0	JR Technology Group, LLC及びSullair, LLC等を傘下に持つ持株会社であり、役員兼任等の関係があります。
JR Technology Group, LLC	アメリカミシガン	－	コネクティブインダストリーズ	(100.0) 100.0	JR Automation Technology, LLC等を傘下にもつ持株会社であり、役員兼任等の関係があります。
Sullair, LLC	アメリカインディアナ	－	コネクティブインダストリーズ	(100.0) 100.0	当社が産業機器を購入しており、役員兼任等の関係があります。
※ 日立Astemo㈱	茨城県ひたちなか市	51,500	オートモティブシステム	66.6	当社が鉄道車両用部品等を購入しており、役員兼任等の関係があります。
Hitachi Astemo Americas, Inc.	アメリカケンタッキー	千US$ 171,779	オートモティブシステム	(100.0) 100.0	当グループのオートモティブシステム製品の北米における製造・販売会社です。
㈱日立エルジーデータストレージ	東京都港区	4,800	その他	51.0	当グループの光ディスクドライブ・ワイヤレス充電器の開発・製造・販売会社であり、役員兼任等の関係があります。
㈱日立リアルエステートパートナーズ	東京都千代田区	2,000	その他	100.0	当社が福利厚生施設等の管理を委託しており、役員兼任等の関係があります。

名　　称	住　　所	資本金	主要な事業の内容	議決権に対する所有割合	関　係　内　容
				％	
※ Hitachi America, Ltd.	アメリカ カリフォルニア	千US＄ 14,142,946	その他	100.0	当グループの米州における地域統括会社であり、また、当グループのヘルスケア関連製品等の販売及び米州における研究開発を推進しており、役員兼任等の関係があります。
Hitachi Asia Ltd.	シンガポール	千S＄ 127,649	その他	100.0	当グループのアジアにおける地域統括会社であり、また、当グループの産業機械及び鉄道・ヘルスケア・情報関連製品等を販売しており、役員兼任等の関係があります。
日立（中国）有限公司	中国 北京市	千US＄ 226,380	その他	100.0	当グループの中国における地域統括会社であり、また、当グループのプラント、産業機械及び鉄道・ヘルスケア・情報関連製品等を販売しており、役員兼任等の関係があります。
Hitachi Europe Ltd.	イギリス ストーク ボージス	千£Stg. 253,049	その他	100.0	当グループの欧州における地域統括会社であり、また、当グループの産業機械及びデジタルメディア・情報関連製品等の販売並びに欧州における研究開発を推進しており、役員兼任等の関係があります。
Hitachi India Pvt. Ltd.	インド ニューデリー	千INR 344,000	その他	(100.0) 100.0	当グループのインドにおける地域統括会社であり、また、当グループのプラント及び産業機械関連製品等を販売しており、役員兼任等の関係があります。
その他　661社	－	－	－	－	－

(注) 1. 「資本金」欄に記載の金額単位及び通貨につき、特に記載のないものは、百万円単位で記載しています。

2. JR Technology Group, LLC 及び Sullair, LLC の資本金については、両社が米国法上の Limited Liability Company であり、資本金がないことから記載していません。

3. 「名称」欄※印を付した会社は、特定子会社に該当しています。

4. 「主要な事業の内容」欄には、セグメントの名称を記載しています。

5. 「議決権に対する所有割合」欄の上段（　）内数字は、間接所有割合で内数です。

6. 債務超過会社及び債務超過金額は、次のとおりです。

　　Hitachi Power Europe GmbH　　　　137,568百万円

　　Hitachi Astemo Netherlands B.V.　　16,385百万円

7. Sullair, LLC は、2023年4月12日付で Hitachi Global Air Power US, LLC に商号を変更しました。

8. Hitachi Energy Ltd は、売上収益（連結会社相互間の内部売上高を除きます。）の連結売上収益に占める割合が10％を超えております。

　　主要な損益情報等　　　①　売上収益　　　　　　　1,413,872百万円

　　　　　　　　　　　　　②　税引前当期利益　　　　 14,676百万円

　　　　　　　　　　　　　③　当期利益　　　　　　　　 297百万円

(point) グループ内のニーズが高まる金融サービス部門

金融サービス部門（日立キャピタル）のグループでの重要性が高まっている。日立グループが組成するプロジェクトのファイナンスや、エネルギーマネジメントなど日立グループが製品保守を提供するプロジェクトに対する事業運営型ファイナンスの提供、などグループ内でのニーズが高まっており、その比率は高まる可能性が高い。

④　資本合計　　　　　　　　　　38,781百万円
⑤　資産合計　　　　　　　　　1,483,750百万円

(2)　持分法適用会社 ···

(2023年3月31日現在)

名　　称	住　　所	資本金	主要な事業の内容	議決権に対する所有割合	関　係　内　容
㈱日立国際電気	東京都港区	1,000	コネクティブインダストリーズ	% 20.0	当社が電子機器・部品等を購入しており、役員兼任等の関係があります。
Arcelik Hitachi Home Appliances B.V.	オランダ アムステルダム	EUR 10,000	コネクティブインダストリーズ	(40.0) 40.0	当グループの海外市場における白物家電事業を手掛ける会社を傘下にもつ持株会社です。
Johnson Controls-Hitachi Air Conditioning Holding (UK) Ltd	イギリス ハンプシャー	千US$ 935,107	コネクティブインダストリーズ	(40.0) 40.0	当グループが空調機器等を購入する空調事業会社等を傘下にもつ持株会社です。
＊日立建機㈱	東京都台東区	81,576	日立建機	25.4	役員兼任等の関係があります。
その他　　263社	―	―	―	―	―

(注) 1. 「資本金」欄に記載の金額単位及び通貨につき，特に記載のないものは，百万円単位で記載しています。

　　 2. 「名称」欄＊印を付した会社は，有価証券届出書又は有価証券報告書を提出しています。

　　 3. 「主要な事業の内容」欄には，セグメントの名称を記載しています。

　　 4. 債務超過会社及び債務超過金額は，次のとおりです。

　　　 GE-Hitachi Nuclear Energy Holdings LLC　　24,038百万円

(point) **人事制度改革でグローバルな人材活用を目指す**

　グローバルな人材活用施策として，短期間に人事制度の改革を行っている。2013年3月期には組織毎に異なる人事制度をグローバルな人材データベースに統合，25万人のデータベースを構築した。また，2014年3月期にはマネージャー以上クラスの5万ポジションに対して格付けを行い，ポジションに対するミッションを定義した。

5 従業員の状況

（1） 連結会社の状況 ·····························

（2023年3月31日現在）

セグメントの名称	従業員数（人）
デジタルシステム＆サービス	100,763 (15,386)
グリーンエナジー＆モビリティ	60,180 (3,869)
コネクティブインダストリーズ	81,883 (3,370)
オートモティブシステム	64,372 (－)
日立建機	－ (－)
日立金属	－ (－)
その他	12,044 (2,764)
全社（本社他）	3,283 (3,283)
合　　　計	322,525 (28,672)

海外
188,763人

国内・海外別
従業員数

国内
133,762人

（注）1．「従業員数」欄の下段（　）内数字は，提出会社の従業員数で内数です。

2．連結会社の従業員数が当連結会計年度末までの1年間において，45,722人減少しました。これは主として，日立建機（株）株式の一部譲渡及び日立金属（株）株式の譲渡により，両社は当社の連結子会社ではなくなり，日立建機及び日立金属セグメントに属する会社がなくなったこと等によるものです。

（2） 提出会社の状況 ·····························

（2023年3月31日現在）

従業員数	平均年齢	平均勤続年数	平均年間給与
28,672人	42.9歳	19.3年	9,159,908円

（注）平均年間給与は，賞与及び基準外賃金を含んでいます。

（3） 労働組合の状況 ·····························

　当社の労働組合は，日立製作所労働組合と称し，全日本電機・電子・情報関連産業労働組合連合会に属しています。

　当社及び連結子会社における労使関係は安定しており，円滑に推移しています。

(point) 生産，受注及び販売の状況

　生産高よりも販売高の金額の方が大きい場合は，作った分よりも売れていることを意味するので，景気が良い，あるいは会社のビジネスがうまくいっていると言えるケースが多い。逆に販売額の方が小さい場合は製品が売れなく，在庫が増えて景気が悪くなっていると言える場合がある。

1 経営方針，経営環境及び対処すべき課題等

（1） 経営の基本方針 ··

　当グループは，「優れた自主技術・製品の開発を通じて社会に貢献する」を企業理念として，顧客に対し，より高い価値をもたらす競争力のある製品・サービスを提供することで，一層の発展を遂げることをめざしています。

　当グループでは，グループ内の多様な経営資源を最大限に活用するとともに，事業の見直しや再編を図ることで，競争力を強化し，グローバル市場での成長を実現し，顧客，株主，従業員を含むステークホルダーの期待に応えることにより，株主価値の向上を図っていくことを基本方針としています。

（2） 経営環境及び対処すべき課題 ································

① 日立グループの経営環境及び対処すべき課題 ················

　現在の世界は，将来の予測が立てにくい時代です。気候変動や資源不足，高齢化による人口構造の変化，都市化の問題など様々な変化が生じており，さらに，ウクライナ情勢や世界的なインフレの加速などにより，世界各国の経済が深刻な悪影響を受けています。一方で，複雑化する社会課題を解決するためのイノベーションが世界中で起きています。

　かかる経営環境において，当グループは，2022年4月に策定した「2024中期経営計画」の下，データとテクノロジーでサステナブルな社会を実現して人々の幸せを支えることをめざしています。「デジタル」「グリーン」「イノベーション」の3つを成長の柱とし，グループ一体となったOne Hitachiでのグローバルな成長により，めざす社会を実現すべく，以下の施策に注力しています。

（point） 対処すべき課題

　　有報のなかで最も重要であり注目すべき項目。今，事業のなかで何かしら問題があればそれに対してどんな対策があるのか，上手くいっている部分をどう伸ばしていくのかなどの重要なヒントを得ることができる。また今後の成長に向けた技術開発の方向性や，新規事業の戦略についての理解を深めることができる。

具体的には，以下の施策に注力していきます。

i) Lumadaの価値協創サイクルの強化と展開

　　お客さまの経営課題を理解した上で，その解決方法を設計・実装し，運用・保守するとともに次の課題解決に取り組むという，Lumadaにおけるお客さまとの価値協創サイクルを強化しています。DX（デジタルトランスフォーメーション）・GX（グリーントランスフォーメーション）需要の高まりも追い風に，エネルギーや交通，産業など，当グループのあらゆる事業と連携して，Lumadaソリューションを展開していきます。

ii) 環境課題解決のイノベーターをめざして

　　当グループは，ステークホルダーとの協創による社会イノベーション事業を通じて，環境課題の解決と人々の生活の質の向上の両立に取り組んでいます。

　　特に脱炭素化に向けた取り組みを加速しており，環境長期目標「日立環境イノベーション2050」では，2030年度までに日立の事業所での，2050年度までにバリューチェーン全体でのカーボンニュートラルを目標としています。この実現に向けて，日立におけるCO_2排出量削減は目標を上回るペースで進捗しており，エネルギー消費量の削減や再生可能エネルギーの活用等によって削減をさらに推進するとともに，環境に配慮した効率的な製品によるソリューションを提供してお客さまのCO_2排出量削減を支援していきます。

iii) 成長に向けたイノベーションの創生

　　当グループは，グローバルな事業成長へ向けてイノベーション創生を推進しており，先端研究を含めた研究開発投資に加え，スタートアップ企業との協業のためのコーポレートベンチャリング投資も拡大を図っています。社会やお客さまの課題を探索し，その課題解決に向けたイノベーションを創生していくことで，次世代まで続く持続的な成長を実現していきます。

(point) **ソリューションを付加価値に海外展開も推進**

　　高付加価値なサービス化を加速し，単品売り切りではなくソリューションを販促することでシナジー効果を生み出そうとしている。アベノミクスの3本の矢の成長戦略でインフラ輸出が挙げられる等，事業環境は追い風にあると考えられる。鉄道や原子力事業での英国進出に加えて他事業においても新興国を中心に成長が期待できる。

これらにより，資源価格高騰や世界的なインフレ継続など不安定な経営環境でも安定してキャッシュを創出できるよう，事業の成長を図るとともに，拠点統廃合等の合理化推進によるコスト構造改革にも取り組んでいきます。キャッシュ創出力を高める一方で，成長に必要な投資は，厳選して迅速に実行するとともに，株主還元も安定的に実施していきます。

② **注力分野における経営環境及び対処すべき課題** ·······························

　注力分野であるデジタルシステム＆サービス，グリーンエナジー＆モビリティ及びコネクティブインダストリーズの3セクター並びにオートモティブシステムにおける経営環境及び対処すべき課題は，以下のとおりです。

デジタルシステム＆サービス

　不確実な社会・経済情勢においても，AI，IoT等のデジタル技術で企業経営やビジネスモデルなどの変革を図るデジタルトランスフォーメーション（DX）及び環境問題やSDGsへの取り組みは加速し，グローバルで大きく市場が拡大しています。

　デジタルシステム＆サービスセクターでは，そのようなグローバルDX市場において，2021年7月に買収を完了したGlobalLogicのデジタルエンジニアリング力を活用し，日立のOT×IT×プロダクトを組み合わせて価値を創造し，お客さまや社会の課題解決を加速するとともに，日立グループ他セクターのLumada事業成長を牽引していきます。また，お客さまとの価値協創の深化，実績あるソリューションの横展開，お客さまやパートナーとのエコシステム構築の3つのアプローチでLumada事業のスケールを加速させます。

　デジタルシステム＆サービスセクターは，これらの取り組みを支えるデジタル人財の育成・拡充など経営基盤の強化にも取り組みながら，「社会インフラDXのグローバルリーダー」をめざし，社会や国内外のお客さまの課題解決パートナーとして継続的に価値を提供し，Lumada事業のサステナブルな成長を実現します。

グリーンエナジー＆モビリティ

　気候変動や地政学リスクの高まりを背景に，エネルギー転換が急速に進展し，

(point) **事業等のリスク**

　「対処すべき課題」の次に重要な項目。新規参入により長期的に価格競争が激しくなり企業の体力が奪われるようなことがあるため，その事業がどの程度参入障壁が高く安定したビジネスなのかなど考えるきっかけになる。また，規制や法律，訴訟なども企業によっては大きな問題になる可能性があるため，注意深く読む必要がある。

市場が拡大しています。具体的には，バスや鉄道などのモビリティの電動化や，電源構成の多様化・分散化によるマイクログリッドの拡大に加え，従来の社会インフラ事業のサービス化や脱炭素社会実現に向けたGXなどにより，新たな事業機会が世界各地で生まれています。

グリーンエナジー＆モビリティセクターでは，グローバルトップレベルの製品群とインテグレーション力でサステナブルな社会インフラの実現に貢献し，地球環境に優しいグリーンなエネルギーとモビリティで世界中の人々の生活の質の向上に貢献していきます。具体的には，パワーグリッド，再生可能エネルギーシステム，原子力発電システム，鉄道システムなどにおいて，「OT×IT×プロダクト」の強みを生かした製品やサービス，ソリューションを提供していきます。エネルギー分野では，日立エナジー社の持つパワーグリッド技術とLumadaを活用したデジタル技術との融合を通じた新たなソリューションの提供やクリーンエネルギー事業の推進により，脱炭素社会の実現に貢献するサービス・ソリューションの提供を拡大していきます。鉄道システム分野では，交通ネットワークをデジタルでつなぎ，データを活用した鉄道運行サービス等の展開を加速させていきます。

これらの取り組みを通じ，グリーンエナジー＆モビリティセクターは，2024中期経営計画の3つの成長の柱であるグリーン価値の創出の中核をなす事業として，脱炭素化やエネルギーの安定供給，安全・安心・快適な鉄道システムの提供など，ウェルビーイングの実現に貢献していきます。また，日立エナジー社や，買収を予定しているタレス社の鉄道信号関連事業がグローバルに有するインストールベースを活用し，高収益事業への転換を加速させていきます。

コネクティブインダストリーズ

地政学リスクの高まりや気候変動による自然災害の増加など社会環境の不確実性が急増していることに加え，デジタル技術の急速な進展に伴い，人々の生活様式や企業活動は大きく変容し，新たなDX・GXへのニーズがこれまで以上に高まっています。こうした中，組織や企業間，さらには分野を越えたトータルな「際」の課題解決が求められています。

コネクティブインダストリーズセクターでは，昇降機，家電，計測・分析装置，

医療機器，産業機器などの競争力の高いプロダクトを集結させ，それらをデジタルでつなぎ，ソリューションとして提供し，サステナブルな価値を創出していきます。

　具体的には，お客さまの事業構想・課題分析により目的や施策を具現化するためのフロント・エンジニアリング力を強化していくとともに，Lumadaを活用し，リアル空間とサイバー空間をデジタルでつなぐことで，経営から現場，サプライチェーン，異業種の間に存在する「際」の課題を解決し，全体最適化を実現するトータルシームレスソリューションを，産業分野からアーバン分野，ヘルスケア分野，さらにグリーン領域へ進化・拡大しています。また，コネクテッドプロダクトが創出するデータを活用したアフターサービスや，お客さまの新たな課題解決ニーズの深耕により，継続的・循環的に価値を提供するリカーリングビジネスを強化します。

　さらに，グローバル成長に向けて，特に注力地域である北米では，2022年に，MES（製造実行システム）・SCADA（監視制御システム）などのOT領域に強みを持つFlexware Innovation, Inc.とプロダクト領域のマーキングシステムを手掛けるTelesis Technologies Inc.を買収しました。これらの事業に加え，JR AutomationによるロボティクスSI，Hitachi Global Air Power（Sullairより社名変更）による空気圧縮機，半導体製造・計測装置，粒子線治療システムなどとデジタルの融合を強化することで，北米でのトータルシームレスソリューションの展開を加速していきます。

　コネクティブインダストリーズセクターでは，「つないでいく。データを，価値を，産業を，そして社会を。」をパーパスとして定め，お客さまとの協創を通じて「サステナブル バリュークリエーター」をめざしていきます。

（3）　中期経営計画における経営指標

　2024中期経営計画においては，以下の指標を経営上の業績目標としています。
　なお，上場子会社の非連結化や今後予定している日立Astemo（株）の非連結化に伴い，コア・フリーキャッシュ・フロー（3年累計）を1.4兆円から1.2兆円に変更しました。

	2024年度目標	選定した理由
売上収益年成長率（2021年度-2024年度 CAGR）（注）1、2	5-7%	成長性を測る指標として選定
Adjusted EBITA率（注）3	12%	収益性を測る指標として選定
EPS成長率（2021年度-2024年度 CAGR）（注）1、4、5	10-14%	収益性及び株主価値を測る指標として選定
コア・フリー・キャッシュ・フロー（3年間累計）（注）6	1.2兆円	キャッシュ創出力を測る指標として選定
投下資本利益率（ROIC）（注）7	10%	投資効率を測る指標として選定

(注) 1. CAGR（Compound Average Growth Rate）は，年平均成長率です。
2. 上場子会社を除いて算出しています。
3. Adjusted EBITAは，調整後営業利益に，企業結合により認識した無形資産等の償却費を足し戻した上で，持分法による投資損益を加算して算出した指標です。Adjusted EBITA率は，Adjusted EBITAを売上収益の額で除して算出した指標です。
4. EPS（Earnings Per Share）は，一株当たり当期利益です。
5. 2021年度の当期利益については，一過性の影響を除いて算出しています。
6. コア・フリー・キャッシュ・フローは，フリー・キャッシュ・フローから，M&Aや資産売却他に係るキャッシュ・フローを除いた経常的なキャッシュ・フローです。
7. ROIC（Return on invested capital）は，「ROIC＝（税引後の調整後営業利益＋持分法損益）÷投下資本×100」により算出しています。なお，「税引後の調整後営業利益＝調整後営業利益×（1－税金負担率）」，「投下資本＝有利子負債＋資本の部合計」です。

　また，上記の経営目標の他，お客さまや社会への価値提供と人的資本の充実に向け，以下の項目を中期経営計画の重点項目として取り組んでいきます。

2　サステナビリティに関する考え方及び取組

　日立は，サステナビリティを事業戦略の中核に据えた「サステナブル経営」を実践しており，社会イノベーション事業を通じたサステナブルな社会の実現に向けて取り組んでいます。

　日立のサステナビリティに関する考え方及び具体的な取り組みは以下のとおりです。

(1)　ガバナンス及びリスク管理

　日立は，2022年4月から，当社経営における重要事項について審議する経営会議の中に，「成長戦略会議」，「リスクマネジメント会議」及び「人財戦略会議」を設け，それぞれ以下の重要事項について審議しています。このうち，リスクマネジメント会議においては，執行役社長を議長，CRMO（Chief Risk

Management Officer）を副議長として全社的リスクに係る重要事項の議論・決定を行っており，リスクを一元的・横断的に把握することで，成長戦略と連携した盤石な経営基盤の実現をめざしていきます。また，人財戦略会議は，組織・人財に関する決裁における執行役社長の諮問機関であり，日立グループの成長に向けた組織・文化の醸成及び人財の確保・育成のために必要な事項の議論をする場として開催されています。

　サステナビリティに関する重要事項はこれらの会議体での議論を経て，経営会議で審議・決定され，必要に応じて取締役会に附議されます。

取締役会	経営会議	成長戦略会議	日立グループの成長に必要な経営戦略に係る事項
		リスクマネジメント会議	日立グループにおけるリスクの適切な管理に必要な事項
		人財戦略会議	日立グループの成長に向けた組織・文化の醸成及び人財の確保・育成のために必要な事項

　また，Chief Sustainability Officer及び各ビジネスユニット（BU），主要グループ会社・地域統括会社のサステナビリティ責任者などをメンバーとするサステナビリティ全体に関する会議等を通じて，サステナビリティ経営の深化に努めています。

　カーボンニュートラルやサーキュラーエコノミー，人権デュー・ディリジェンス（HRDD），ダイバーシティ，エクイティ＆インクルージョン（DEI），労働安全衛生，サプライチェーン，品質保証などの個別のサステナビリティテーマについては，各BU及び主要グループ会社等の責任者をメンバーとする会議体を設け，グループ横断での施策の検討や情報共有などを通じて日立グループ全体のサステナビリティを推進しています。

　さらに，執行役の報酬においては，サステナビリティに関する定量又は定性的な目標に対する成果を評価基準として導入しています。

（2）　重要課題に対する取組 ･･･

　2024中期経営計画においては，「データとテクノロジーでサステナブルな社会を実現して人々の幸せを支える」ことをめざす姿として新たに掲げました。

　日立は，地球を守ることと，一人一人が快適で活躍できる社会が両立する未来を実現するための社会課題の解決をめざし，サステナビリティに関する取り組み

(point) 社会イノベーション事業を新たなコア事業に

日立の社会イノベーション事業の定義は「ITで高度化された，安全・安心な社会インフラをグローバルに提供していくこと」。高付加価値化の流れでITコンサルティング会社を複数社買収しており，海外展開の足がかりとして原子力事業では英HorizonNuclearを買収するなど，積極拡大する方針だ。

を推進していきます。

データとテクノロジーでサステナブルな社会を実現して人々の幸せを支える

Growth

サステナビリティ重要課題である「脱炭素・気候変動」及び「人的資本」に関する日立の取り組みは以下のとおりです。

① 脱炭素・気候変動に関する取り組み（TCFDに基づく開示）

日立は，2018年6月，金融安定理事会（FSB）「気候関連財務情報開示タスクフォース（TCFD）」の提言に賛同を表明し，TCFDの提言に沿って気候変動関連の財務関連の重要情報をサステナビリティレポートにおいて開示しています。

本項目は，抜粋を掲載しています。

（イ） ガバナンス

気候変動に関するガバナンスは，前項のガバナンス及びリスク管理に準じて実施しています。

日立は，気候変動を含む環境課題への対応を重要な経営課題の一つと認識しています。

気候変動対策を含む「サステナビリティ戦略」についての重要事項は，経営会議にて審議・決定され，必要に応じて取締役会に附議されます。CO2排出量削減目標を含む環境長期目標「日立環境イノベーション2050」は，策定及び改訂の際にも，取締役会への報告を経て策定，公表しています。

(point) 不採算事業からは迷わず撤退

2008年9月にPDP事業を終息。2009年3月には海外TV事業戦略の積極路線撤回を決定。2009年4月にはスーパーコンピュータから撤退を決定。2009年5月には携帯電話事業の合弁会社カシオ日立をNECの携帯電話事業と統合。2010年2月にはHDD事業をウェスタンデジタルに譲渡した。

環境ビジョン

日立は、ステークホルダーとの協創による社会イノベーション事業を通じて、
環境課題を解決し生活の質の向上と持続可能な社会の両立を実現する。

日立が環境経営でめざす姿

 脱炭素社会
気候変動の緩和・適応

 高度循環社会
省資源・再資源化

 自然共生社会
生態系の保全

（ロ）　戦略

　日立は，2016年度に「環境ビジョン」を策定し，このビジョンのもと，IPCC第5次評価報告書の「RCP2.6シナリオ（注）」「RCP8.5シナリオ（注）」などを踏まえて，世界全体で求められるCO_2削減量を参考に，グローバル企業に求められる脱炭素社会実現への貢献を果たすため，環境長期目標「日立環境イノベーション2050」を策定しました。その後のIPCC「1.5℃特別報告書」を踏まえて気温上昇を1.5℃以内に抑えるため，日立の事業所（ファクトリー・オフィス）において2030年度までにカーボンニュートラル達成，バリューチェーンにおいて2050年度までにカーボンニュートラル達成という目標に改訂しました。グローバルでの脱炭素社会の実現に貢献するため，より高い目標を策定し，目標達成に向け推進しています。

(注)　RCP2.6シナリオ：産業革命前に比べて21世紀末に世界平均気温の上昇幅が2℃未満に抑えられるシナリオ
　　　RCP8.5シナリオ：産業革命前と比べて4℃前後上昇するシナリオ

気候変動関連のリスク（日立グループ）

　気候変動に関するリスクは，「脱炭素経済への移行リスク（主に1.5℃シナリオに至るリスク）」及び，「気候変動の物理的影響に関連したリスク（4℃シナリオに至るリスク）」に分類されます。

（ⅰ）　脱炭素経済への移行リスク（主に1.5℃シナリオに至るリスク）

　　脱炭素社会への移行リスクは，炭素税，燃料・エネルギー費への課税，排出権取引などの導入に伴う事業コスト負担増や，脱炭素社会に向けた製品・サービスの技術開発の遅れによる販売機会の逸失などが想定されます。

このリスクは，「脱炭素社会が実現した世界では，現状のままで存続できない事業」において存在し，化石燃焼が使えなくなるリスクに該当します。現在の日立の事業では，電気をエネルギー源とするものが多いため，脱炭素社会に移行することに起因する重大なリスクは，ほとんど見つかりませんでした。

　また，脱炭素社会にむけた製品開発の遅れのリスクについては，機会と表裏一体であり，脱炭素社会に貢献する事業をすすめることで，リスク回避が可能です。

（ⅱ）　気候変動の物理的影響に関連したリスク（主に4℃シナリオに至るリスク）

　気候変動に関する物理的リスクに関しては，気候変動の影響と考えられる気象災害，例えば台風や洪水，渇水などの激化（急性リスク）や，海面上昇，長期的な熱波など（慢性リスク）による事業継続のリスクが考えられます。

　こうしたリスクの回避としては，工場新設時には洪水被害を念頭に置いて立地条件や設備の配置などを考慮する対策を行っています。

気候変動関連の機会（日立グループ）

　日立グループでは，気候変動に関連する多くの機会が考えられます。

　環境長期目標や「2024中期経営計画」に掲げたCO2排出量の削減目標を達成するには，事業所の脱炭素化はもちろん，バリューチェーン全体の排出の多くを占める，販売された製品・サービスの使用に伴うCO2排出の削減が重要です。省エネルギー化等による，CO2削減に貢献する製品・サービスの開発・提供は，お客さまニーズへの対応であり，社会の脱炭素化への貢献になります。また，お客さまとの協創によるカーボンフリーソリューションやサービスの普及のような脱炭素化に貢献するビジネスの拡大にも機会があります。GX（グリーントランスフォーメーション）への取り組みは，日立の経営戦略として推し進めている「社会イノベーション事業」の大きな柱であり，短・中・長期にわたる大きな事業機会になります。

日立グループの気候変動関連のリスクと機会について

　これらのリスクと機会の検討の結果から，日立では気候変動関連の重大で対応が困難なリスクは現段階では見つかりませんでした。

　1.5℃及び4℃いずれのシナリオ下においても，市場の動向を注視し柔軟かつ戦

略的に事業を展開することで，日立は，中・長期観点から，脱炭素社会への移行において高いレジリエンスを有していると考えています。

（ハ）　リスク管理

　日立は，気候変動関連リスクについては，BU及びグループ会社ごとに環境負荷などを把握し，評価・査定しています。評価結果は，当社サステナビリティ推進本部にて集約し，日立全体として特に重要と認識されたリスクと機会がある場合には，経営会議で審議・決定され，必要に応じて取締役会で審議されます。

（ニ）　指標と目標

　日立は，環境長期目標「日立環境イノベーション2050」において，「中期目標：日立の事業所（ファクトリー・オフィス）において2030年度までにカーボンニュートラル達成」，「長期目標：バリューチェーンにおいて2050年度までにカーボンニュートラル達成」を掲げています。

　さらに，環境長期目標の実現に向けて，中期経営計画の期間（3年間）にあわせた指標と目標を設定した「環境行動計画」を策定し，進捗管理しています。

　気候変動の緩和と適応に関する指標のうち，ファクトリー・オフィスにおけるCO2排出量総量削減率に関する目標と実績は以下のとおりです。

指標	目標			2022年度実績
	2030年度（中期）	2024年度（短期）	2022年度	
ファクトリー・オフィスにおけるCO2排出量総量削減率（2010年度比）	100%削減（カーボンニュートラル）	50%削減	32%削減	40%削減

（注）　本目標は，2024環境行動計画の目標です。詳細はサステナビリティレポート2023で公開予定です。

日立グループのCO2排出量（2022年度）

Scope1	459kt－CO2
Scope2	1,079kt－CO2

※　Scope1：日立グループ内での燃料使用による直接排出
　　Scope2：日立グループが購入した電気・熱の使用に伴う間接排出

※　Scope1，2ともに，日立グループのなかで環境負荷が大きいA区分事業所及び影響の大きい自動車部品系会社を対象としています。日立は，日立の定める「環境管理区分判定基準」に基づき，日立グループ全事業所をA・B・Cの3区分に分類して管理しています。また，当連結会計年度末時点

（2023年3月末）において在籍している会社を集計対象としています。

② 人的資本・多様性に関する取組

（イ） 戦略

日立は，人的資本，すなわち人こそが価値の源泉であると考えており，世界中の従業員の力を結集することでお客さまと社会に価値を提供し，サステナブルな社会の実現に貢献することをめざしています。

多様な人財が国・地域・事業体を越えてOne Teamでプロアクティブに業務遂行をし，変化が絶えない世の中に速やかに適応できる人財・組織を求めており，その実現に向けて，以下の方針のもと人財の育成と社内環境の整備に取り組んでいます。

経営戦略(事業戦略)

事業の方向性
(2024中期経営計画)

Lumadaによる社会イノベーション事業のグローバルな展開により、サステナブルな社会の実現に貢献する

● 日本・世界各国の社会・顧客の近くで、現在・将来の課題を探索し、製品・システム及びIoTを活用したサービスとして解決策を提供
● 国・地域・事業体(ビジネスユニット/グループ会社)を超えてグローバルで連携した事業の推進・プロジェクトの組成、実行
● 顧客との価値協創のサイクルをデータ駆動で回し、Lumada事業を全体で拡大

求められる人財・組織(体制・文化)

現地マーケット(社会・顧客)を知る人財 ＝ 様々な国籍・性別等の多様な人財	Diversity, Equity
国・地域・事業体(ビジネスユニット/グループ会社)を超えて、One Teamで業務遂行する組織体制	Inclusion, Location Free
社会・顧客の課題を的確に捉え、解決策を考えられるプロアクティブで自立した人財とその文化を持つ組織	Proactive, Growth Mindset
事業環境の変化を捉え、新たな事業ポートフォリオへ速やかに適応できる組織・人財	Agility

ダイバーシティ，エクイティ＆インクルージョンの推進

日立は，事業のサステナブルな成長に向け，経営戦略としてDEI（ダイバーシティ，エクイティ＆インクルージョン）を実践しています。

日立のDEI戦略では，バックグラウンド，年齢，性別，セクシャリティ，家族構成，障がい，人種，国籍，民族，宗教など，あらゆる多様性を尊重しており，特にグローバルに共通する下記の3つのグローバルDEIテーマに注力していきます。

日立のグローバルDEIテーマ：

1. ジェンダーバランス：女性リーダーの育成支援等，グループ全体で女性活

躍を推進

2. 文化的多様性：グローバルな人財の文化的多様性を反映した組織づくり

3. 世代の多様性：年齢に関係なく，コンピテンシーに基づいて従業員を評価

ジェンダーバランスに関する取り組みについて ────────

　日立では，多様で公正かつインクルーシブな職場環境構築のため，グローバル全体のDEI戦略に加え，地域・事業ごとに各地域の特性や事業戦略を踏まえたDEIの取り組みを定め推進しています。

　特に，日本においては，グローバルDEIテーマの一つであるジェンダーバランスに関する取り組みの加速が必要であり，女性リーダーの育成をはじめ，性別を問わずワークライフバランスを実現するための会社制度の整備等，以下取組みを進めています。

〈取組み事例〉

- 若手女性キャリア研修，女性向けメンタリング・プログラム等による女性のキャリア支援，産休前・復職支援セミナー等による復職後のキャリア支援
- 配偶者あるいは自身が出産予定の社員に育児や育児休暇制度等の理解を促すプレパパ・プレママセミナー（2022年度新設）や，仕事と育児の両立に関する管理職向けeラーニング等による男性の育児休業推進
- 法定制度を上回る育児・介護等のライフサポート目的の休暇・休職制度の拡充，保育所への入所を支援する「保活コンシェルジュ」「企業主導型保育園とのマッチングサービス」等の整備

グローバル人財マネジメント

　社会イノベーション事業を推進するためには，お客さまや社会の課題を探索し，これまでになかった新しいソリューションをお客さまと協創していくことが重要です。2024中期経営計画に基づいて策定した「2024人財戦略」では，社会貢献を志向する人財が集まり，生き生きと活躍する組織となるために，グローバル市場における"Employer of choice（選ばれる会社）"となることをビジョンに掲げ，その実現に向け，「People」「Mindset」「Organization」の3つの戦略の柱と「Foundation」を定め，以下施策を推進しています。

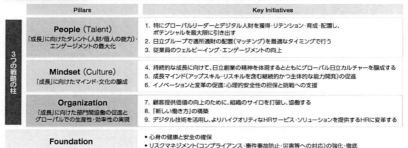

Mission		多様な人財と公正な機会、インクルーシブな組織を通じた事業への貢献
Vision		●社会貢献を志向する人財が集まり、生き生きと活躍する組織となるために、グローバル市場における"Employer of choice（選ばれる会社）"を実現する ●変化に対応し、「事業」に貢献する"世界No.1のHR分野での先駆者"になる

	Pillars	Key Initiatives
3つの戦略の柱	**People**（Talent） 「成長」に向けたタレント（人財/個人の能力）・エンゲージメントの最大化	1. 特にグローバルリーダーとデジタル人財を獲得・リテンション・育成・配置し、ポテンシャルを最大限に引き出す 2. 日立グループで適所適財の配置（マッチング）を最適なタイミングで行う 3. 従業員のウェルビーイング・エンゲージメントの向上
	Mindset（Culture） 「成長」に向けたマインド・文化の醸成	4. 持続的な成長に向けて、日立創業の精神を体現するとともにグローバル日立カルチャーを醸成する 5. 成長マインド（アップスキル・リスキルを含む継続的かつ主体的な能力開発）の促進 6. イノベーションと変革の促進：心理的安全性の担保と挑戦への支援
	Organization 「成長」に向けた部門間協働の促進とグローバルでの生産性・効率性の実現	7. 顧客提供価値の向上のために、組織のサイロを打破し、協働する 8. 「新しい働き方」の構築 9. デジタル技術を活用し、よりハイクオリティなHRサービス・ソリューションを提供するHRに変革する
	Foundation	●心身の健康と安全の確保 ●リスクマネジメント（コンプライアンス・事件事故防止・災害等への対応）の強化・徹底

・デジタル人財の確保・育成

　デジタル技術を活用した社会イノベーション事業を加速し、日立の成長のドライバーであるLumada事業の成長を実現するために、デジタルトランスフォーメーション（DX）をけん引する人財（デジタル人財）の確保と育成に力を入れています。デジタルエンジニアリングサービスのリーディングカンパニーであるGlobalLogic社などにおけるグローバルでの人財獲得に加え、日立独自のDX研修体系や実務経験を通じた育成プログラムの拡充などによる内部人財育成により、事業成長に必要なデジタル人財の強化を加速していきます。

・従業員エンゲージメントの向上

　日立の持続的な成長には従業員のウェルビーイングが不可欠であるという考えのもと，人的資本経営の一環として，従業員エンゲージメントの向上をひとつのKPIとして定めています。グローバル従業員サーベイ「Hitachi Insights」を通じて従業員エンゲージメントを毎年モニタリングし，その向上に向けた人財マネジメント施策の企画・推進に取り組んでいます。具体的には，経営層及び各職場のマネージャーが，自組織のサーベイ結果をメンバーと共有して組織課題を把握し，対策となるアクションの立案・実行を通じたPDCAサイクルを継続することで従業員エンゲージメントの改善につなげています。グローバルにより適切なマネジメントを行っていくために，今後も従業員サーベイを活用していきます。

・経営リーダー層の育成

　日立は，経営トップと指名委員会を中心に，変化・変革をけん引する経営リーダーの中長期的な育成（Global Leadership Development Program: GLD）に取り組んでいます。次期・次々期のCEO，事業部門長など経営リーダー候補の育成にあたっては，世界中の日立グループの人財から数百名の候補を選抜し，タフアサインメントを取り入れたOJT（On- the-job Training）及びOff-JT（社外トレーニング・コーチング）を実施しています。

　さらに，経営リーダー候補のタレントプールである「GT＋」，若手優秀層を選抜した「Future 50」プログラムによって，経営者ポジションを含むアサインメント，社外取締役と直接議論する機会の提供などによる集中的な教育を実施しています。

・人財統合プラットフォームによる適所適財の人財配置

　日立は，グローバルに最適な人財の確保・配置・育成を行うため，グローバル共通の人財マネジメント統合プラットフォームの構築を進めてきました。本プラットフォームを通じて，従業員のスキルやキャリア志向などの最新の人財情報データをクラウドシステムで共有しています。グローバルでの人財検索や

(point) **財政状態，経営成績及びキャッシュ・フローの状況の分析**

　「事業等の概要」の内容などをこの項目で詳しく説明している場合があるため，この項目も非常に重要。自社が事業を行っている市場は今後も成長するのか，それは世界のどの地域なのか，今社会の流れはどうなっていて，それに対して売上を伸ばすために何をしているのか，収益を左右する費用はなにか，などとても有益な情報が多い。

情報の収集，チームマネジメントへの活用，パフォーマンス管理や育成計画・キャリア開発など，さまざまなプロセスを一元管理でき，その運用範囲をグローバルに順次拡大しています。

・グローバルでの日立カルチャーの醸成

　日立は，近年の複数の大型M&Aにより約10万人の仲間を新たに迎えました。この新たに加わった仲間と日立のMission・Values（創業の精神）を共有するとともに，それぞれの良さ・強みを融合していくことで成長・イノベーションを実現する，グローバル日立カルチャーの醸成に取り組んでいます。特に，経営層と従業員が直接対話し，双方向での理解を深めるための機会として，経営陣幹部（執行役社長，執行役副社長，BUや各事業部門の責任者，連結子会社社長）によるタウンホールミーティングを継続的に実施しており，2022年度においては，計277回実施しました。2024中期経営計画の達成に向けて，各事業部門が主体となって事業戦略を推進していきます。

・ジョブ型人財マネジメントへの転換

　日立では職務（ジョブ）と必要なスキル・経験を明確化し，その職務を担える人財を，本人の意欲・能力に応じて登用する「ジョブ型人財マネジメント」への転換を日本においても加速させています。従業員一人一人の能力や意欲に応じた適所適財の人財配置を実践することで，個人と組織のパフォーマンスの最大化とエンゲージメント向上につなげ，イノベーションを生み出す組織と人財の実現をめざしています。具体的には，各従業員の適性やキャリア志向を踏まえた配置・育成を検討する「タレントレビュー」や「ジョブディスクリプション（職務記述書）」を導入しています。また，2022年度からは自律的なキャリア形成を支援する取り組みとして，新キャリア研修の展開や「学習体験プラットフォーム（LXP）」を導入する等，「制度・仕組みの整備」及び「意識・行動の変容」の両面で取り組みを進めています。

心身の健康と安全の確保

　日立は，「安全と健康を守ることは全てに優先する」を基本理念とする「日立グループ安全衛生ポリシー」を世界の全グループ会社と共有し，コントラクターや調達パートナーを含む関係するすべての会社と連携しながら，グループ一丸となっ

（point）**厳しい世界競争に挑むヘルスケア事業**

　日立メディコの事業は「医療機器（MRイメージング装置（MRI）やX線装置など）」，「医療情報システム」，「汎用分析装置（放射線測定装置等）」「医用分析装置」の4分野へ。ヘルスケア事業は日立の社会インフラ強化に向けて重要な位置付けだ。ただグローバル競争は厳しく，主力のMRIでもグローバルシェアは10%程度だ。

て事業活動に関わる全ての人にとって安全・安心・快適で健康な職場づくりに努めています。

日立は，事故のない安全な職場の構築をめざし，事業に適した労働安全衛生マネジメントシステムの構築・導入，定期的なリスクアセスメントや監査の実施，労働安全衛生に関する教育の展開等にグローバルで取り組んでいます。

(ロ) 指標及び目標

人的資本・多様性に関する取り組みにおける，日立の主な指標及び目標と当年度の実績は以下のとおりです。

なお，「役員層における外国人比率」及び「従業員サーベイにおける従業員エンゲージメントの設問に対する肯定的回答率」については，当年度において前倒しで目標を達成することができました。今後もさらなる向上を図るべく，継続して取り組んでまいります。

	指標	目標	2022年度 実績
①	役員層における女性比率及び外国人比率（グローバルDEI目標）（注）1	2024年度までにそれぞれ15%	女性比率：11% 外国人比率：20%
②	デジタル人財数	2024年度までに97,000人（注）2	83,000人
③	従業員サーベイにおける従業員エンゲージメントの設問に対する肯定的回答率	2024年度までに68%	69.5%
④	死亡災害件数	年間0件	5件
⑤	TRIFR（総災害発生率）（注）3	2024年度までに2021年度比半減（注）4	0.26

(注) 1. 当社単体の目標及び実績

2. 日立Astemoは除きます

3. TRIFR：Total Recordable Injury Frequency Rate（20万労働時間当たりの死傷者数）

4. 2021年度実績：0.27

3 事業等のリスク

(1) リスクマネジメントについて ・・・

当グループでは，日々変化する経営環境を把握・分析し，社会的課題や当グループの競争優位性，経営資源などを踏まえ，当グループとして備えるべき様々な「リスク」とさらなる成長「機会」の両面からリスクマネジメントを実施し，リスクをコントロールしながら収益機会の創生に努めています。

かかる多様なリスクに関して，各担当部署がリスクと機会の適切な把握・対応

に努め，経営幹部への報告・経営戦略への反映を行っています。

　特に，2022年4月から，当グループ経営における全社的リスクに係る重要事項の議論・決定の場として執行役社長を議長，CRMO（Chief Risk Management Officer）を副議長とする「リスクマネジメント会議」を新設しました。リスクを一元的・横断的に把握することで，成長戦略と連携した盤石な経営基盤の実現をめざしていきます。

（2）　リスク要因 ···

　当グループは，幅広い事業分野にわたり，世界各地において事業活動を行っています。また，事業を遂行するために高度で専門的な技術を利用しています。そのため，当グループの事業活動は，多岐にわたる要因の影響を受けています。その要因及び各リスク要因に対する対応策の主なものは，次のとおりです。

　なお，これらは当有価証券報告書提出日現在において合理的であると判断している一定の前提に基づいています。また，これらの対応策は各リスク要因の影響を完全に排除するものではなく，また，影響を軽減する有効な手段とはならない可能性があります。

①　経済環境に係るリスク ···

経済の動向

　当グループの事業活動は，世界経済及び特定の国・地域の経済情勢や地政学的情勢の影響を受けます。各国・地域や日本の景気が減速・後退する場合は，個人消費や設備投資の低下等をもたらします。また，ウクライナ情勢に代表される国家間紛争，緊張の高まりにより，特定の地域での経済活動の制約や停止を余儀なくされることも考えられます。その結果，当グループが提供する製品・システム又はサービスの一部制限や需要の減少などにより，当グループの事業，財政状態及び経営成績に悪影響を及ぼす可能性があります。

　かかるリスクへの対応として，当グループは，様々な事業分野・地域において，多様な特性を持つ社会イノベーション事業を組み合わせる経営をしています。また，リスク評価等を通じて地政学的情勢の変化への迅速な対応を図っています。

為替相場の変動

　当グループは，取引先及び取引地域が世界各地にわたっているため，為替相場の変動リスクにさらされています。当グループは，現地通貨建てで製品・サービスの販売・提供及び原材料・部品の購入を行っていることから，為替相場の変動は，円建てでの売上の低下やコストの上昇を招き，円建てで報告される当グループの経営成績に悪影響を及ぼす可能性があります。当グループが，売上の低下を埋め合わせるために現地通貨建ての価格を上げた場合やコストの上昇分を吸収するために円建ての価格を上げた場合，当グループの価格競争力が低下し，それに伴い，経営成績は悪影響を受ける可能性があります。また，当グループは，現地通貨で表示された資産及び負債を保有していることから，為替相場の変動は，円建てで報告される当グループの財政状態に悪影響を及ぼす可能性があります。

　2023年3月31日時点における2024年3月31日に終了する連結会計年度の為替感応度（見通しの為替レートから1円変動した場合の業績影響額）の見積りは，以下のとおりです。

通貨	見通し	為替感応度(億円)	
		売上収益	Adjusted EBITA
ドル	130円／ドル	135	15
ユーロ	140円／ユーロ	70	5

　かかるリスクへの対応として，当グループでは，先物為替予約契約や通貨スワップ契約等の為替変動リスクのヘッジや製品・サービスの地産地消戦略の推進等を実行しています。

資金調達環境

　当グループの主な資金の源泉は，営業活動によるキャッシュ・フロー，銀行等の金融機関からの借入並びにコマーシャル・ペーパー及びその他の債券，株式の発行等による資本市場からの資金調達です。当グループは，事業活動のための費用，負債の元本及び利子並びに株式に対する配当を支払うために，流動資金を必要とします。また，当グループは，設備投資及び研究開発等のために長期的な資金調達を必要としています。当グループは，営業活動によるキャッシュ・フロー，

銀行等の金融機関からの借入及び資本市場からの資金調達により，当グループの事業活動やその他の流動資金の需要を充足できると考えていますが，世界経済が悪化した場合，当グループの営業活動によるキャッシュ・フロー，業績及び財政状態に悪影響を及ぼし，これに伴い当社の債券格付けにも悪影響を及ぼす可能性があります。債券格付けが引き下げられた場合，当社が有利と考える条件による追加的な資金調達の実行力に悪影響を及ぼす可能性があります。

当社は，資金調達を銀行等の金融機関からの借入に依存することにより金利上昇のリスクにさらされています。

また，外部の資金源への依存を高めなければならなくなる可能性があります。負債への依存を高めることにより，当社の債券格付けは悪影響を受けることがあり，当社が有利と考える条件による追加的な資金調達の実行力にも影響を及ぼす可能性があります。かかる資金調達ができない場合，当グループの資金調達コストが上昇し，当グループの財政状態及び経営成績に悪影響を及ぼす可能性があります。当グループでは，金利上昇のリスクを軽減するための施策として，主に金利スワップ契約を締結しています。

また，当グループの主要な取引金融機関が倒産した場合又は当該取引金融機関が当グループに対して融資条件の変更や融資の停止を決定した場合，当グループの資金調達に悪影響を及ぼす可能性があります。

株価等の価格の下落

当グループは，他社との事業上の関係等を維持又は促進するため，株式等の有価証券を保有しています。かかる有価証券は，価値の下落リスクにさらされています。株式の市場価格等の価値の下落に伴い，当社及び連結子会社は，保有する株式等の評価損を計上しなければならない可能性があります。さらに，当社及び連結子会社は，契約その他の義務により，株価の下落等にかかわらず，株式等を保有し続けなくてはならない可能性があり，このことにより多額の損失を被る可能性もあります。

当事業年度末において，当社が保有している投資株式の銘柄数及び貸借対照表計上額は，以下のとおりです。

	銘柄数 （銘柄）	貸借対照表計上額の合計額 （百万円）
非上場株式	136	21,768
非上場株式以外の株式	41	213,017

　　かかるリスクへの対応として，当社は，取引や事業上必要である場合を除き，投資株式を取得・保有しないことを基本方針とし，既に保有している株式についても，保有意義や合理性が認められない限り，売却を進めています（保有目的が純投資以外の目的である投資株式の保有方針及び保有の合理性の検証について，「第4　提出会社の状況　4　コーポレート・ガバナンスの状況等　(5)株式の保有状況」参照）。

②　サプライチェーンに係るリスク

原材料・部品の調達

　　当グループの生産活動は，調達パートナーが時宜に適った方法により，合理的な価格で適切な品質及び量の原材料，部品及びサービスを当グループに供給する能力に依存しています。需要過剰の場合，調達パートナーは当グループの全ての要求を満たすための十分な供給能力を有しない可能性があります。原材料，部品及びサービスの不足は，急激な価格の高騰を引き起こす可能性があります。また，米ドルやユーロをはじめとする現地通貨建てで購入を行っている原材料及び部品については，為替相場の変動の影響を受けます。石油，銅，鉄鋼，合成樹脂，レアメタル，レアアース等の市況価格の上昇は当グループの製造コストの上昇要因であり，当グループの経営成績に悪影響を及ぼす可能性があります。一方，原材料及び部品等の商品価格が下落した場合には，棚卸資産の評価損等の損失が発生する可能性があります。さらに，自然災害等により，調達パートナーの事業活動やサプライチェーンが被害を受けた場合，当グループの生産活動に悪影響を及ぼす可能性があります。また，調達パートナーにおいて児童労働や強制労働などの労働者の権利侵害事象等を含む法令違反等が発生した場合，発注元としての当グループの評判の低下や，当該調達パートナーからの安定した原材料・部品の調達に支障が生じ，当グループの事業，財政状態及び経営成績に悪影響を及ぼす可能性があります。

かかるリスクへの対応として，当グループは，複数の調達パートナーとの緊密な関係構築や製品・サービスの地産地消戦略の推進による各地域における需要変動への適切な対応，国内及び主要海外拠点における事業継続計画（BCP）の策定による事業中断リスクへの対応力強化，グループ全体としての調達機能の活用・強化等を実行している他，調達パートナーにおける法令違反等の発生を防ぐため，質問票を用いた自己点検や監査，理解促進の取組みを実施しています。

取引先の信用リスク

当グループは，国内外の様々な顧客及び調達パートナーと取引を行っており，売掛金，前渡金などの信用供与を行っています。取引相手の財政状態の悪化や経営破綻等が生じた場合，当グループの財政状態，経営成績及びキャッシュ・フローに悪影響を及ぼす可能性があります。

かかるリスクへの対応として，当グループでは，定期的な信用調査や信用リスクに応じた取引限度額の設定など，信用リスクの管理のための施策を実施しています。

③　**地政学に係るリスク** ……………………………………………………………
海外における事業活動

当グループは，事業戦略の一環として海外市場における事業の拡大を図っており，これを通じて，売上の増加，コストの削減及び収益性の向上等の実現をめざしています。当グループの海外事業は，事業を行う海外の各国において，以下を含む様々な要因による悪影響を受ける可能性があります。

・投資，輸出，関税，公正な競争，贈賄禁止，消費者及び企業に関する税制，知的財産，外国貿易及び外国為替に関する規制，人権や雇用・労働に関する規制，環境及び資源・エネルギーに関する規制
・取引条件等の商慣習の相違
・労使関係，労働慣行の変化
・対日感情，地域住民感情の悪化，各種団体等による批判やキャンペーン
・国家間や国内における紛争の拡大と頻発，ウクライナ情勢の動向

(point) **ベトナムから鉄道事業を受注**

鉄道システム事業ではベトナム・ホーチミン1号線で最初の都市交通を受注している。距離20km，51車両で信号システム車庫一式に加え5年間の保守も含まれる。370億円の契約で2016年から納入する。日本・英国・中国での既存ビジネスで培った技術を，ソリューションとしてインド・ブラジル・東南アジアに積極展開していく方針だ。

・国家の安全保障や外交政策の変化

・各国の経済安全保障政策の強化

・その他の政治的及び社会的要因，地政学リスク，経済の動向並びに為替相場の変動

　これらの要因により，当グループが，海外における成長戦略の目的を達成できる保証はなく，当グループの事業の成長見通し及び経営成績に悪影響を及ぼす可能性があります。

　かかるリスクへの対応として，当グループは，グローバルな政治・経済情勢などを定常的に把握して事業に及ぼす影響を分析し，海外リスク資産の移転を行うなど，グループ全体での対応を実行しています。

④ 環境に係るリスク
気候変動対策に関する規制強化等（脱炭素社会への移行リスク）

　当グループは，炭素税，燃料・エネルギー消費への課税，排出権取引などの導入に伴う事業コストの負担増，製品・サービスの技術開発の遅れによる販売機会の逸失，投資家や社会に当グループの気候変動問題への取り組み姿勢が評価されない場合に，当グループの事業活動，経営成績及び財政状態に悪影響を及ぼす可能性があります。

　かかるリスクへの対応として，環境長期目標「日立環境イノベーション2050」を掲げ，脱炭素社会の実現に向けた様々な取り組みを進めており，今後も目標達成に向けた取り組みをさらに加速していきます。事業所においては2030年度カーボンニュートラルをめざしており，日立インターナルカーボンプライシング導入等による省エネ機器・再生可能エネルギーによる電力の導入の推進，生産・輸送のさらなる効率化，非化石エネルギー由来の電力利用の促進などにより，炭素税等の事業コスト負担増加などの回避・軽減や評価リスクの低減を図っています。バリューチェーンにおいては2050年度のカーボンニュートラルをめざし，CO_2排出量削減につながる革新的製品・サービスの開発・拡販，エネルギー削減につながる省エネルギー製品の開発などをめざしています。

⑤　人的資本に係るリスク ···

人材確保

　当グループの競争力を維持するためには，事業遂行に必要な優秀な人財を採用し，確保し続ける必要があります。特に，当グループは，現在，グローバルに活躍できる人財や顧客に近いところでニーズをくみ取り，最適なソリューション・サービスを提供することができる人財，デジタルトランスフォーメーションを牽引するデジタル人財等を求めています。しかしながら，優秀な人財は限られており，かかる人財の採用及び確保の競争は激化しています。当グループがこのような優秀な人財を新たに採用し，又は雇用し続けることができる保証はありません。

　かかるリスクへの対応として，当グループは，国内外で必要な人財をタイムリーに確保するため，ダイバーシティ，エクイティ＆インクルージョンの推進，多様な人財が働きやすい職場づくりの推進とエンゲージメントの向上，グローバル共通の人事制度，人財プラットフォームの活用，社内教育プログラムの実践による優秀な人財の確保・育成等を図っています。

⑥　テクノロジーに係るリスク ···

情報システムへの依存

　当グループの事業活動において，情報システムの利用とその重要性は増大しています。コンピュータウイルスその他の要因によってかかる情報システムの機能に支障が生じた場合，当グループの事業活動，経営成績及び財政状態に悪影響を及ぼす可能性があります。また，リモートワークの拡大は，情報漏洩などの新たなセキュリティリスクを生じさせる恐れがあります。

　かかるリスクへの対応として，当グループは，継続的にサイバーセキュリティ対策等を推進しており，また，リモートワークに適用される技術・製品・利用手順などを厳格に定めて運用していますが，従来にないサイバー攻撃を受けた場合や当社管理外のシステムに脆弱性があった場合には有効な手段とはならない可能性があります。

急速な技術革新

　当グループの事業分野においては，新しい技術が急速に発展しています。先端技術の開発に加えて，先端技術を継続的に，迅速かつ優れた費用効率で製品・システム・サービスに適用し，これらの製品等のマーケティングを効果的に行うことは，競争力を維持するために不可欠です。例えば，現在，デジタル化・ロボット等による自動化，電動化，脱炭素や資源循環等の環境への技術革新への対応等が重要となっています。このような変化の潮流を捉え，お客様に価値を提供し続けるために，自社内の研究開発及びコーポレートベンチャーファンドを通じたスタートアップへの投資に対して多くの経営資源を投入しています。これらの先端技術の開発が予定どおり進展しなかった場合，当グループの事業，財政状態及び経営成績に悪影響を及ぼす可能性があります。

　かかるリスクへの対応として，当グループは，産官学によるオープンイノベーションやデジタル人財の確保・育成，Lumadaによる協創プロセスを通じた顧客ニーズの把握のほか，これらを通じたイノベーションエコシステムの形成を図っています。

⑦　パンデミック・自然災害に係るリスク ·······························

COVID-19

　COVID-19の流行からの正常化の進展が見込まれ，共存を前提とした新たなフェーズに移行しておりますが，今後の状況によってはサプライチェーンの混乱による原材料価格の高騰や半導体不足，供給制約によるインフレなどが当グループの事業の財政状態及び経営成績に悪影響を及ぼす可能性があります。

　かかるリスクへの対応として，当グループは，Lumadaを活用したサービス型のデジタル事業の強化等による安定的な収益の拡大，安全確保を前提とした生産活動の継続，デジタル環境の強化によるリモートワーク等を活用した多様な働き方の拡充，キャッシュ・マネジメントの強化やサプライチェーンの強靭化，事業構造改革によるコスト低減等を図っています。

(point) **自動車の電装化進展で強みを生かす**

オートモティブシステム事業の設備投資額はグループ全体で2番目に大きい。2008年に赤字転落し，2009年7月に自動車部品が日立オートモティブシステムズとして分社化。日産が主要顧客であり，売上比率は30％を超えているようだ。電子化・電動化製品に強みを持ち，自動車の電装化が進むことが想定できる。

大規模災害及び気候変動による物理的影響等

　当グループは，日本国内において，研究開発拠点，製造拠点及び当社の本社部門を含む多くの主要施設を有しています。過去において，日本は，地震，津波，台風等多くの自然災害に見舞われており，今後も，大規模な自然災害により当グループの生産から販売に至る一連の事業活動が大きな影響を受ける可能性があります。また，海外においても，アジア，米国及び欧州等に拠点を有しており，各地の自然災害によって，当グループの事業拠点のほか，サプライチェーンや顧客の事業活動にも被害が生じる可能性があります。さらに，気候変動に起因して，渇水や海面上昇，長期的な熱波や洪水等の大規模な自然災害が，今後より一層深刻化する可能性があります。かかる大規模な自然災害により当グループの施設が直接損傷を受けたり破壊された場合，当グループの事業活動が中断したり，新たな生産や在庫品の出荷が遅延する可能性があるほか，多額の修理費，交換費用，その他の費用が生じる可能性があり，これらの要因により多額の損失が発生する可能性があります。大規模な自然災害により当グループの施設が直接の影響を受けない場合であっても，流通網又は供給網が混乱する可能性があります。また，感染症の流行や，テロ，犯罪，騒乱及び紛争等の各国・地域の不安定な政治的及び社会的状況により，当グループの事業活動が混乱する可能性があり，当グループの従業員が就労不能となったり，当グループの製品に対する消費者需要の低下や販売網及び供給網に混乱が生じたりする可能性があります。さらに，全ての潜在的損失に対して保険が付保されているわけではなく，保険の対象となる損失であってもその全てが対象とはならない可能性があり，また，保険金の支払いについて異議が申し立てられること等により遅延が生じる可能性があります。自然災害その他の事象により当グループの事業遂行に直接的又は間接的な混乱が生じた場合，当グループの事業活動，経営成績及び財政状態に悪影響を及ぼす可能性があります。

　かかるリスクへの対応として，当グループは，BCPの策定による事業中断リスクへの対応力強化等を図っており，また，工場新設時における洪水被害を想定した建設・工場内設備の配置等を行っています。

⑧　その他会社経営全般に影響を及ぼすリスク ·······································
長期請負契約等に係る見積り，コストの変動及び契約の解除

　当グループは，インフラシステムの建設に係る請負契約をはじめ多数の長期契約を締結しており，かかる長期請負契約等に基づく収益を認識するために，当該契約の成果が信頼性をもって見積ることができる場合，工事契約の進捗に応じて収益及び費用を認識しています。収益については，主に，見積原価総額に対する実際発生原価の割合で測定される進捗度に基づいて認識しています。また，当該契約の成果が信頼性をもって見積ることができない場合には，発生した工事契約原価のうち，回収される可能性が高い範囲でのみ収益を認識し，工事契約原価は発生した期間に費用として認識しています。長期請負契約等に基づく収益認識において，見積原価総額，見積収益総額，契約に係るリスクやその他の要因について重要な仮定を行う必要がありますが，かかる見積りは変動する可能性があります。当グループは，これらの見積りを継続的に見直し，必要と考える場合には調整を行っています。当グループは，価格が確定している契約の予測損失は，その損失が見積られた時点で費用計上していますが，かかる見積りは変動する可能性があります。また，コストの変動は，当グループのコントロールの及ばない様々な理由によって発生する可能性があります。さらに，当グループ又はその取引相手が契約を解除する可能性もあります。このような場合，当グループは，当該契約に関する当初の見積りを見直す必要が生じ，かかる見直しは，当グループの事業，財政状態及び経営成績に悪影響を及ぼす可能性があります。

　かかるリスクへの対応として，当グループは，契約締結前からリスクの把握・管理を行い，契約締結後も継続的に事業部門と財務部門間で管理・共有し，適時に正確な見積りができるよう努めています。

競争の激化

　当グループの事業分野においては，大規模な国際的企業からスタートアップを含む専業企業に至るまで，多様な競合相手が存在しています。先端的な製品・システムやサービス等においても汎用品化や低コストの地域における製造・開発・サービス提供やクラウド化・自動化が進んでおり，価格競争を激化させています。

かかる状況下で競争力を維持するためには，当グループは，その製品等が価格競争力を有するものでなければならないと考えています。かかる製品等の汎用品化は，当グループの価格決定力に影響を及ぼします。当グループが競合相手の価格と対等な価格を設定できない場合，当グループの競争力及び収益性が低下する可能性があります。一方で，競合相手の価格と対等な価格を設定することにより，その製品等の販売が損失をもたらす可能性があります。また，当グループの製品等は，技術，品質及びブランド価値の面においても競争力を有するものでなければなりません。当グループは，かかる製品等を適時に市場に投入する必要がありますが，当グループが提供する製品等が競争力を有する保証はなく，かかる製品等が競争力を有していない場合，当グループの事業，財政状態及び経営成績に悪影響を及ぼす可能性があります。

かかるリスクへの対応として，当グループは，研究開発によるイノベーションの強化やLumada事業の拡大，顧客との協創，製品等の高付加価値化を図っています。

需要の急激な減少

当グループが他社と競合する市場における急激な需要の減少と供給過剰は，販売価格の下落，ひいては売上の減少及び収益性の低下を招く可能性があります。加えて，当グループは，需要と供給のバランスを取るため，過剰在庫や陳腐化した設備の処分又は生産調整を強いられる場合があり，これにより損失が発生する可能性があります。例えば，情報機器，昇降機や半導体，自動車機器等の市場における需要と供給のバランスが崩れ，市況が低迷した場合，当グループの事業，財政状態及び経営成績に悪影響を及ぼす可能性があります。

かかるリスクへの対応として，当グループは，製品等の競争力の強化に加え，需要予測に基づく製品等の供給・在庫の管理等を図っています。

コスト構造改革への取組み

当グループは，事業全体のバリューチェーンにおける各活動について，グループ横断でコスト構造を抜本的に改革する「Hitachi Smart Transformation Project」

(point) **主要な設備の状況**

「設備投資等の概要」では各セグメントの1年間の設備投資金額のみの掲載だが，ここではより詳細に，現在セグメント別，または各子会社が保有している土地，建物，機械装置の金額が合計でどれくらいなのか知ることができる。

を実施しています。当グループは，かかる施策により，経営基盤強化による収益性の安定化とキャッシュ・フローの増強をめざしていますが，当グループが現在期待している効果を得られない可能性があります。また，かかる施策によって，当グループが収益性の維持又は向上を実現できる保証はありません。

社会イノベーション事業強化に係る戦略

当グループは，事業戦略として，主に社会イノベーション事業の強化によって，成長性が高く，安定的な収益を得られる事業構造を確立することをめざしています。当グループは，社会イノベーション事業を強化するため，設備投資や研究開発等の経営資源を重点的に配分することを計画しているほか，企業買収・新規プロジェクトへの投資も行っています。また，市場の変化に応じて社会イノベーション事業を効果的に展開するため，適切な事業体制の構築を図っています。かかる戦略を実行するため，当グループは，多額の資金を支出しており，今後も継続する予定です。かかる戦略のための当グループの取組みは，成功しない，又は当グループが現在期待している効果を得られない可能性があります。また，かかる取組みによって，当グループが収益性の維持又は向上を実現できる保証はありません。

かかるリスクへの対応として，当グループは，各ビジネスユニット（BU）においてフェーズゲート管理を行っています。加えて，市場動向，他社動向，技術動向及び潜在リスクなど様々な視点からの分析・議論についても，投融資戦略委員会，経営会議，取締役会及び監査委員会において実施しています。

企業買収，合弁事業及び戦略的提携

当グループは，各事業分野において，重要な新技術や新製品の設計・開発，製品・システムやサービスの補完・拡充，事業規模拡大による市場競争力の強化及び新たな地域や事業への進出のための拠点や顧客基盤の獲得等のため，他企業の買収，事業の合弁や外部パートナーとの戦略的提携に一定程度依存しています（当グループの経営成績及び財政状態に重大な悪影響を及ぼす可能性がある案件について，「第5　経理の状況　1　連結財務諸表等　(1)連結財務諸表　連結財務諸表注記　注5．事業再編等」参照）。このような施策は，事業遂行，技術，製

(point) **主要な設備の状況**

「設備投資等の概要」では各セグメントの1年間の設備投資金額のみの掲載だが，ここではより詳細に，現在セグメント別，または各子会社が保有している土地，建物，機械装置の金額が合計でどれくらいなのか知ることができる。

品及び人事上の統合又は投資の回収が容易でないことから，本質的にリスクを伴っています。統合は，時間と費用がかかる複雑な問題を含んでおり，適切な計画の下で実行されない場合，当グループの事業に悪影響を及ぼす可能性もあります。また，事業提携は，当グループがコントロールできない提携先の決定や能力又は市場の動向によって影響を受ける可能性があります。これらの施策に関連して，統合に関する費用や買収事業の再構築に関する費用など，買収，運営その他に係る多額の費用が当グループに発生する可能性があります。これらの費用のため，大規模な資金調達を行う場合，財政状態の悪化や資金調達能力の低下が発生する可能性があります。また，投資先事業の収益性が低下し，投資額の回収が見込めない場合，のれんの減損など，多額の損失が発生する可能性があります。当連結会計年度末時点で，デジタルシステム＆サービスセグメントにおいて1,269,171百万円，グリーンエナジー＆モビリティセグメントにおいて589,011百万円，コネクティブインダストリーズセグメントにおいて220,688百万円ののれんを計上しています（セグメント別ののれんの金額について，「第5　経理の状況　1　連結財務諸表等　(1)連結財務諸表　連結財務諸表注記　注4．セグメント情報」参照）。これらの施策が当グループの事業及び財政状態に有益なものとなる保証はなく，これらの施策が有益であるとしても，当グループが買収した事業の統合に成功し，又は当該施策の当初の目的の全部又は一部を実現できない可能性があります。

　かかるリスクへの対応として，当グループは，各ビジネスユニット（BU）におけるフェーズゲート管理に加え，市場動向，業界動向，戦略，買収価格，PMI（ポスト・マージャー・インテグレーション）プロセス及び潜在リスクなど様々な視点からの分析・議論を，投融資戦略委員会，経営会議，取締役会及び監査委員会において実施しています。

事業再構築

　当グループは，以下の事業ポートフォリオ再構築の取組み等により，成長性が高く，安定的な収益の得られる事業構造の確立を図っています。
・不採算事業からの撤退

・当社の子会社及び関連会社の売却

・製造拠点及び販売網の再編

・資産の売却

　当グループによる事業再構築の取組みは，各国政府の規制，雇用問題又は当グループが売却を検討している事業に対するM&A市場における需要不足等により，時宜に適った方法によって実行されないか，又は全く実行されない可能性があります。事業再構築の取組みは，顧客又は従業員からの評価の低下等，予期せぬ結果をもたらす可能性もあり，また，過去に事業再構築に関連して有形固定資産や無形資産の減損，在庫の評価減，有形固定資産の処分及び有価証券の売却に関連する損失などが生じましたが，このような多額の費用が将来も発生する可能性があります。現在及び将来における事業再構築の取組みは，成功しない，又は当グループが現在期待している効果を得られず，当グループの事業，財政状態及び経営成績に悪影響を及ぼす可能性があります。

　かかるリスクへの対応として，当グループは，市場動向，業界動向，戦略，売却価格，プロセス及び潜在リスクなど様々な視点からの分析・議論を，投融資戦略委員会，経営会議，取締役会及び監査委員会において実施しています。

持分法適用会社の業績の悪化

　当社及び連結子会社は，多数の持分法適用会社を有しています。持分法適用会社の損失は，当社及び連結子会社の持分比率に応じて，連結財務諸表に計上されます。また，当社及び連結子会社は，持分法適用会社の回収可能価額が取得原価又は帳簿価額を下回る場合，当該持分法適用会社の株式について減損損失を計上しなければならない可能性もあります。

　当連結会計年度末において，持分法で会計処理されている投資は，以下のとおりです。

	（単位：百万円）
セグメント	2023年3月31日
デジタルシステム＆サービス	51,997
グリーンエナジー＆モビリティ	88,003
コネクティブインダストリーズ	162,248
オートモティブシステム	11,406
日立建機	－
日立金属	－
その他	4,017
小計	317,671
全社及び消去	160,949
合計	478,620

かかるリスクへの対応として，当グループは，Adjusted EBITA（Adjusted Earnings before interest, taxes and amortization）（注）及び投下資本利益率（ROIC）を用いた投資収益管理を推進し，収益性・成長性の高い分野へ投資を集中させるとともに，投資した持分法適用会社については投資実行後も事業計画の達成状況や財務状況を把握し，低収益事業や将来の競争力に懸念のある投資先については売却を行うなどの施策を行っています。

（注）　Adjusted EBITAは，調整後営業利益に，企業結合により認識した無形資産等の償却費を足し戻した上で，持分法による投資損益を加算して算出した指標です。

訴訟その他の法的手続

当グループは，事業を遂行する上で，訴訟や規制当局による調査及び処分等に関するリスクを有しています。訴訟その他の法的手続により，当グループに対して巨額又は算定困難な金銭支払いの請求又は命令がなされ，また，事業の遂行に対する制限が加えられる可能性があり，これらの内容や規模は長期間にわたって予測し得ない可能性があります。過去，当グループは，一部の製品において，競争法違反の可能性に関する日本，欧州及び北米等の規制当局による調査の対象となり，また，顧客等から損害賠償等の請求を受けています（当グループの経営成績及び財政状態に重大な悪影響を及ぼす可能性がある案件について，「第5　経理

の状況　1　連結財務諸表等　(1)連結財務諸表　連結財務諸表注記　注29.
コミットメント及び偶発事象」参照)。これらの調査や紛争の結果，複数の法域に
おいて多額の課徴金や損害賠償金等の支払いが課される可能性があります。かか
る重大な法的責任又は規制当局による処分は，当グループの事業，経営成績，財
政状態，キャッシュ・フロー，信用及び評判に悪影響を及ぼす可能性があります。
また，当グループに対する法的責任が認められず，規制当局による処分や損害賠
償金等の支払いが課されなかった場合であっても，当グループの信用及び評判に
悪影響を及ぼす可能性があります。

　さらに，当グループの事業活動は，当グループが事業を行う国々で様々な政府
による規制の対象となります。かかる政府による規制は，投資，輸出，関税，公
正な競争，贈賄禁止，消費者及び企業に関する税制，知的財産，外国貿易及び
外国為替に関する規制，人権や雇用・労働に関する規制，環境及び資源・エネル
ギーに関する規制を含みます。これらの規制は，当グループの事業活動を制限し
又はコストを増加させ，また，新たな規制又は規制の変更は，当グループの事業
活動をさらに制限し又はコストを増加させる可能性もあります。さらに，規制違
反に係る罰金又は課徴金など，規制の執行が，当グループの経営成績，財政状態，
キャッシュ・フロー，信用及び評判に悪影響を及ぼす可能性があります。また，
個人データ保護規制等への対応についても，事業に悪影響を及ぼす可能性があり
ます。

　かかるリスクへの対応として，当グループは，規制の適用を受ける業務の特定，
リスク評価，リスクに応じた措置の実行及び従業員に対する教育等を実施してい
ます。

製品の品質と責任

　当グループの製品・サービスには，高度で複雑な技術を利用したものが増えてい
ます。また，部品等を外部の調達パートナーから調達することにより，品質確保へ
のコントロールが低下します。当グループの製品・サービスに欠陥等が生じた場合
又は品質に関する不適切行為があった場合，当グループの製品・サービスの質に
対する信頼が悪影響を受け，当該欠陥等から生じた損害について当グループが責

(point) **設備の新設，除却等の計画**

　ここでは今後，会社がどの程度の設備投資を計画しているか知ることができる。毎期
どれくらいの設備投資を行っているか確認すると，技術等での競争力維持に積極的な
姿勢かどうか，どのセグメントを重要視しているか分かる。また景気が悪化したとき
は設備投資額を減らす傾向にある。

任を負う可能性があるとともに，当グループの製品の販売能力に悪影響を及ぼす可能性があり，当グループの経営成績，財政状態及び将来の業績見通しに悪影響を及ぼす可能性があります。

かかるリスクへの対応として，当グループは，事故未然防止活動，技術法令の遵守活動，リスクアセスメントの徹底，品質・信頼性や製品事故発生時の対応に関する教育等を行っています。さらに，過去の当社子会社における品質に関する不適切行為を受け，当グループでは，事業部門内の品質保証部門を設計部門，製造部門から独立させ，お客さまの安全と安心を第一に行動できる体制としてきましたが，加えて，事業部門からも品質保証部門を独立させ，より独立性を強化しています。また，事業部門を担当する品質保証部門と本社の品質保証統括本部とのレポートラインを強化し，品質保証部門間で密な情報共有を図る仕組みを構築しています。

機密情報の管理

当グループは，顧客から入手した個人情報並びに当グループ及び顧客の技術，研究開発，製造，販売及び営業活動等に関する機密情報を様々な形態で保持及び管理しています。かかる情報が権限なく開示された場合，当グループが損害賠償を請求され又は訴訟を提起される可能性があり，また，当グループの事業，財政状態，経営成績，信用及び評判に悪影響を及ぼす可能性があります。

かかるリスクへの対応として，当グループは，機密情報管理に関する規則・運用を定め，暗号化や認証基盤の構築によるID管理とアクセス制御等を行うとともに，調達パートナーに対しても情報セキュリティ状況の確認・審査等を行っています。

知的財産

当グループの事業は，製品，製品のデザイン，製造過程及び製品・ソフトウェアを組み合わせてサービスの提供を行うシステム等に関する特許権，意匠権，商標権及びその他の知的財産権を日本及び各国において取得できるか否かに依存する側面があります。当グループがかかる知的財産権を保有しているとしても，競

争上優位に立てるという保証はありません。様々な当事者が当グループの特許権，意匠権，商標権及びその他の知的財産権について異議を申し立て，無効とし，又はその使用を避ける可能性があります。また，将来取得する特許権に関する特許請求の範囲が当グループの技術を保護するために十分に広範なものである保証はありません。当グループが事業を行っている国において，特許権，意匠権，著作権及び企業秘密に対する有効な保護手段が整備されていないか，又は不十分である可能性があり，当グループの企業秘密が従業員，契約先等によって開示又は不正流用される可能性があります。

　かかるリスクへの対応として，当グループは，出願前に公知例調査を行うことで，権利の成立可能性の向上及び事業に即した権利の取得を図っています。また，知的財産の保護手段が整備されていない，又は，不十分な国においては，従業員や契約先との契約等により，不正利用の抑制を図っています。

　当グループの多くの製品には，第三者からライセンスを受けたソフトウェア又はその他の知的財産が含まれています。当グループは，競合他社の保護された技術を使用することができない，又は不利な条件の下でのみ使用しうることとなる可能性があります。かかる知的財産に関するライセンスを取得したとしても経済的理由等からこれを維持できる保証はなく，また，かかる知的財産が当グループの期待する商業上の優位性をもたらす保証もありません。

　かかるリスクへの対応として，当グループは，当該第三者と契約・交渉により良好な関係を維持し，知的財産の実施権の確保を図っています。

　当グループは，特許権，意匠権及びその他の知的財産に関して，提訴され，又は権利侵害を主張する旨の通知を受け取ることがあります。これらの請求に正当性があるか否かにかかわらず，応訴するためには多額の費用等が必要となる可能性があり，また，経営陣が当グループの事業運営に専念できない可能性や当グループの評判を損ねる可能性があります。さらに，権利侵害の主張が成功し，侵害の対象となった技術のライセンスを当グループが取得することができない場合，又は他の権利侵害を行っていない代替技術を使用することができない場合，当グループの事業は悪影響を受ける可能性があります。

　かかるリスクへの対応として，当グループは，新たな製品の販売やサービスの

(point) **連結財務諸表等**

　ここでは主に財務諸表の作成方法についての説明が書かれている。企業は大蔵省が定めた規則に従って財務諸表を作るよう義務付けられている。また金融商品法に従い，作成した財務諸表がどの監査法人によって監査を受けているかも明記されている。

提供開始前に，当該製品やサービスについて他社特許クリアランスを実施するとともに，必要な場合には製品やサービスの設計変更を行うこと等で，他社との係争の回避を図っています。

退職給付に係る負債

　当グループは，数理計算によって算出される多額の退職給付費用を負担しています。この評価には，死亡率，脱退率，退職率，給与の変更及び割引率等の退職給付費用を見積る上で利用される様々な数理計算上の仮定が含まれています。当グループは，人員の状況，市況及び将来の金利の動向等の多くの要素を考慮に入れて，数理計算上の仮定を見積る必要があります。数理計算上の仮定の見積りは，基礎となる要素に基づき，合理的なものであると考えていますが，実際の結果と合致する保証はありません。数理計算上の仮定が実際の結果と異なった場合，その結果として実際の退職給付費用が見積費用から乖離して，当グループの財政状態及び経営成績に悪影響を及ぼす可能性があります。割引率の低下は，数理上の退職給付に係る負債の増加をもたらす可能性があります。また，当グループは，割引率等の数理計算上の仮定を変更する可能性があります。数理計算上の仮定の変更も，当グループの財政状態及び経営成績に悪影響を及ぼす可能性があります。

　かかるリスクへの対応として，2019年4月1日から日立企業年金基金に加入する当グループの従業員を対象として，従来の確定拠出型企業年金制度からリスク分担型企業年金制度への移行を進めてきました。2022年4月1日に連結子会社43社が新たにリスク分担型企業年金制度を導入し，ほぼ全ての日立企業年金基金加入会社の制度移行が完了しました。リスク分担型企業年金への移行を通じ，当社及び日立企業年金基金に加入する連結子会社の掛金負担を固定化することにより，資産運用リスク等を低減し，また退職給付に係る負債の認識を中止することにより財政状態及び経営成績に悪影響を及ぼすリスクを低減しています。

株式の追加発行に伴う希薄化

　当社は，将来，株式の払込金額が時価を大幅に下回らない限り，株主総会決議によらずに，発行可能株式総数のうち未発行の範囲において，株式を追加的に発

行する可能性があります。将来における株式の発行は，その時点の時価を下回る価格で行われ，かつ，株式の希薄化を生じさせる可能性があります。

4　経営者による財政状態，経営成績及びキャッシュ・フローの状況の分析

（1）　経営計画の進捗 ‥‥‥‥‥‥‥‥‥‥‥‥‥‥‥‥‥‥‥‥‥‥‥‥‥‥‥‥‥‥‥

①　経営上の目標として掲げた指標の状況 ‥‥‥‥‥‥‥‥‥‥‥‥‥‥‥‥‥‥

「2024中期経営計画」において，経営上の目標として用いた主な指標の当連結会計年度における状況は次のとおりです。

	当連結会計年度 （2022年度）	2024年度目標
売上収益 （注） 1	76,382億円	（2021～2024年度　CAGR） 5％-7％
Adjusted EBITA率 （注） 1	9.5%	12%
投下資本利益率 （ROIC） （注） 2	7.6%	10%
EPS （注） 2	684円	（2021～2024年度　CAGR） 10%-14%
コア・フリー・キャッシュ・フロー （注） 2	（2022年度） 4,164億円	（3年累計） 1.2兆円

(注) 1. 連結合計からオートモティブシステム，日立建機及び日立金属セグメントの合計を差し引いて算出しています。
　　 2. 連結合計で算出しています。

②　成長に向けた事業強化 ‥‥‥‥‥‥‥‥‥‥‥‥‥‥‥‥‥‥‥‥‥‥‥‥‥‥

当期は，「デジタル」「グリーン」「イノベーション」の3つを柱に，グローバルな成長をめざす「2024中期経営計画」の初年度として，主に以下の取組みを行い，成長モードへのシフトを推進しています。

・DX（デジタルトランスフォーメーション）・GX（グリーントランスフォーメーション）需要の高まりに応えるデジタル事業のグローバルな成長

DX需要がグローバルに高まっているデジタル事業の加速に向け，北米に日立デジタル社を発足しました。同社を中心に，Lumadaをはじめとする日立グループ横断

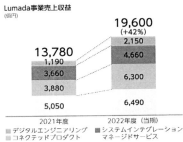

Lumada事業売上収益
（億円）

13,780
1,190
3,660
3,880
5,050
2021年度

19,600
(+42%)
2,150
4,660
6,300
6,490
2022年度 （当期）

■ デジタルエンジニアリング　■ システムインテグレーション
■ コネクテッドプロダクト　　　マネージドサービス

（注）(1) デジタルシステム＆サービス，グリーンエナジー＆モビリティ及びコネクティブインダストリーズの3部門におけるLumada事業売上収益
　　 (2) （ ）内の数値は，前期からの伸び率を示しています。

(point) 連結財務諸表

ここでは貸借対照表(またはバランスシート，BS)，損益計算書(PL)，キャッシュフロー計算書の詳細を調べることができる。あまり会計に詳しくない場合は，最低限，損益計算書の売上と営業利益を見ておけばよい。可能ならば，その数字が過去5年，10年の間にどのように変化しているか調べると会社への理解が深まるだろう。

でのデジタル戦略を推進しており，GX需要の高まりも受けて，日立エナジー社や日立レール社などで受注を拡大しています。

　また，成長を続けるGlobalLogic社は，日本にも拠点を設けて，その開発手法を日立の国内プロジェクトにも適用するとともに，ルーマニア及びウルグアイのデジタルエンジニアリング会社を買収し，欧州やラテンアメリカにおける新たな拠点や顧客，人財の獲得を図ることで，さらなる成長を見据えています。

・成長を支えるグローバルリスクマネジメント

　不透明な経営環境が続く中，事業の成長とともに増大するリスクへの対応として，グローバルなリスク情報を一元的に把握するとともに，リスクに先行して対応する体制を構築しました。物価高騰や地政学リスク，大規模災害リスクなど，日立グループに影響を及ぼすリスクを把握し，優先リスクを迅速に見極めた上で，日々変化する事業環境に先行した対応を図っています。

・オートモティブシステム事業の再編

　大変革期を迎えている自動車・二輪車業界において，日立Astemo（株）の持続的成長と企業価値向上を実現するため，同社株式の一部譲渡などを決定しました。この取引の実行により，同社は当社の持分法適用会社となります。日立は，新たな共同パートナーも加えて成長する同社との電動化・自動運転分野を中心とした連携を続け，ともに成長していきます。

（2） 経営成績の状況の分析 ··

① 業績の状況 ··

売上収益

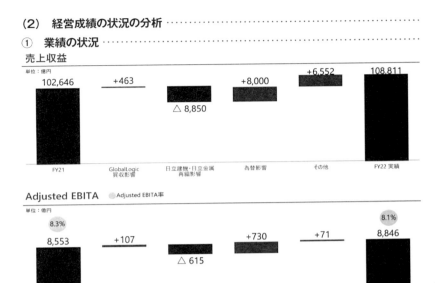

売上収益は，前年度に比べて6％増加し，10兆8,811億円となりました。日立建機（株）株式の一部売却や日立金属（株）（現（株）プロテリアル）株式の売却に伴う減収要因があったものの，為替影響に加え，パワーグリッド事業や鉄道システム事業の堅調な推移,自動車メーカーの生産量回復を受けた日立Astemo（株）の増収，GlobalLogic社の増収等により，増収となりました。

売上原価は，前年度に比べて6％増加し，8兆1,920億円となり，売上収益に対する比率は，前年度と同水準の75％となりました。売上総利益は，前年度に比べて5％増加し，2兆6,890億円となりました。

販売費及び一般管理費は，前年度に比べて7％増加し，1兆9,409億円となり，売上収益に対する比率は，前年度と同水準の18％となりました。

調整後営業利益（売上収益から，売上原価並びに販売費及び一般管理費の額を減算して算出した指標）は，売上収益の増加等により，前年度に比べて99億円増加し，7,481億円となりました。

(point) **設備の新設，除却等の計画**

ここでは今後，会社がどの程度の設備投資を計画しているか知ることができる。毎期どれくらいの設備投資を行っているか確認すると，技術等での競争力維持に積極的な姿勢かどうか，どのセグメントを重要視しているか分かる。また景気が悪化したときは設備投資額を減らす傾向にある。

持分法による投資損益は，前年度に比べて123億円増加し，528億円の利益となりました。

これらの結果，Adjusted EBITA（Adjusted Earnings before interest, taxes and amortizationの略であり，調整後営業利益に，企業結合により認識した無形資産等の償却費を足し戻した上で，持分法による投資損益を加算して算出した指標）は，前年度に比べて292億円増加して8,846億円となりました。

その他の収益は，前年度に比べて1,738億円増加して3,021億円となり，その他の費用は，前年度に比べて1,610億円増加して2,450億円となりました。主な内訳は，以下のとおりです。

・固定資産損益は，前年度に比べて157億円減少し，22億円の利益となりました。
・減損損失は，急激な金利上昇等による割引率の上昇に伴う日立エナジー社ののれんの減損損失の計上に加えて，デジタルシステム＆サービスセクターにおいてもERPオンプレミス型事業を非注力分野に位置づけたことに伴いのれんの減損損失を計上したこと等により，前年度に比べて948億円増加し，1,298億円となりました。
・事業再編等損益は，（株）日立物流株式及び日立金属（株）株式の売却に伴う売却益を計上したこと等により，前年度に比べて1,952億円増加し，2,973億円の利益となりました。
・特別退職金は，前年度に比べて5億円増加し，93億円となりました。
・リスク分担型企業年金制度への移行に伴う損失として，511億円をその他の費用に計上しました。

金融収益（受取利息を除きます。）は，前年度に比べて200億円減少して78億円となり，金融費用（支払利息を除きます。）は，前年度に比べて203億円増加して204億円となりました。

EBIT（受取利息及び支払利息調整後税引前当期利益）は，前年度に比べ53億円減少し，8,456億円となりました。

受取利息は，前年度に比べて101億円増加して256億円となり，支払利息は，前年度に比べて242億円増加して513億円となりました。

税引前当期利益は，前年度に比べて193億円減少し，8,199億円となりました。

---

point **株式の総数等**

発行可能株式総数とは，会社が発行することができる株式の総数のことを指す。役員会では，株主総会の了承を得ないで，必要に応じてその株数まで，株を発行することができる。敵対的TOBでは，経営陣が，自社をサポートしてくれる側に，新株を第三者割り当てで発行して，買収を防止することがある。

法人所得税費用は，前年度に比べて523億円減少し，1,161億円となりました。
当期利益は，前年度に比べて330億円増加し，7,038億円となりました。

非支配持分に帰属する当期利益は，前年度に比べて326億円減少し，547億円となりました。

これらの結果，親会社株主に帰属する当期利益は，前年度に比べて656億円増加し，6,491億円となりました。

② **セグメントごとの業績の状況** ···

セグメントごとに業績の状況を概観すると次のとおりです。各セグメントの売上収益は，セグメント間内部売上収益を含んでいます。また，当連結会計年度の期首より，報告セグメントの区分を，デジタルシステム＆サービス，グリーンエナジー＆モビリティ，コネクティブインダストリーズ，オートモティブシステム，日立建機，日立金属，その他の7セグメントへ変更しており，比較する前年度の数値も新区分に組み替えています。なお，各表内の内数は，各セグメントの主な事業等の業績を表しており，また，売上収益については当該事業間の内部売上を含んでいるため，それらの合計額は，セグメント全体の業績と一致しない場合があります。

（デジタルシステム＆サービス）

		売上収益	Adjusted EBITA	Adjusted EBITA率
デジタルシステム＆サービス※	単位:億円	23,890	2,937	12.3%
	対前年度比	111%	+123	-0.8%
フロントビジネス		9,825	943	9.6%
	対前年度比	104%	-31	-0.7%
ITサービス		8,983	1,021	11.4%
	対前年度比	107%	+16	-0.5%
サービス＆プラットフォーム		9,381	780	8.3%
	対前年度比	121%	+46	-1.2%

※ 前年度までサービス＆プラットフォームに計上されていた制御システム事業の数値は，当連結会計年度よりフロントビジネスに計上されています。デジタルシステム＆サービスセグメントの対前年度比較は，

この変更を前年度に遡及した数値と比較しています。

　売上収益は，為替影響に加え，Lumada事業やGlobalLogic社が堅調に推移したこと等により，前年度に比べて増収となりました。

Adjusted EBITAは，売上収益の増加等により，増益となりました。

（グリーンエナジー＆モビリティ）

単位:億円		売上収益	Adjusted EBITA	Adjusted EBITA率
グリーンエナジー＆モビリティ		24,925	1,327	5.3%
	対前年度比	122%	+404	+0.8%
原子力・エネルギー合計		3,388	56	1.7%
	対前年度比	101%	-239	-7.1%
原子力		1,715	–	–
	対前年度比	114%	–	–
エネルギー		1,774	–	–
	対前年度比	97%	–	–
日立エナジー		14,139	1,010	7.1%
	対前年度比	131%	+357	+1.0%
関連費用※		–	-146	–
	対前年度比	–	+97	–
鉄道システム		7,360	476	6.5%
	対前年度比	117%	+187	+1.9%

※　関連費用には，パワーグリッド事業PMIに係る費用等が含まれています。

　売上収益は，為替影響や日立エナジー社及び鉄道システム事業が堅調に推移したこと等により，前年度に比べて増収となりました。

　Adjusted EBITAは，エネルギー事業での一部プロジェクトにおけるコスト増等による減益があったものの，売上収益の増加や鉄道システム事業における収益性の改善等により，前年度に比べて増益となりました。

（コネクティブインダストリーズ）

	単位:億円	売上収益	Adjusted EBITA	Adjusted EBITA率
コネクティブインダストリーズ		29,752	3,121	10.5%
	対前年度比	108%	+543	+1.1%
ビルシステム		8,910	836	9.4%
	対前年度比	108%	+138	+0.9%
生活・エコシステム		3,923	355	9.0%
	対前年度比	99%	-45	-1.1%
計測分析システム		6,742	926	13.7%
	対前年度比	117%	+328	+3.3%
インダストリアルデジタル		3,615	407	11.3%
	対前年度比	105%	-20	-1.1%
水・環境		1,865	190	10.2%
	対前年度比	102%	+16	+0.6%
インダストリアルプロダクツ		4,511	460	10.2%
	対前年度比	110%	+82	+1.0%

　売上収益は，為替影響や半導体製造装置及び生化学免疫自動分析装置等の販売が増加した計測分析システム事業及びビルサービス事業が拡大したビルシステム事業が堅調に推移したこと等により，前年度に比べて増収となりました。

　Adjusted EBITA は，生活・エコシステム事業での部材価格高騰の影響やインダストリアルデジタル事業における成長投資・拡販活動に伴う販売費の増加があったものの，売上収益の増加等により，前年度に比べて増益となりました。

（オートモティブシステム）

単位:億円		売上収益	Adjusted EBITA	Adjusted EBITA率
オートモティブシステム		19,200	734	3.8%
	対前年度比	120%	+111	-0.1%

　売上収益は，半導体不足及び中国におけるサプライチェーンの混乱による操業度悪化の影響等の減収要因があったものの，為替影響や自動車メーカーの生産量の緩やかな回復等により，前年度に比べて増収となりました。

　Adjusted EBITA は，売上収益の増加等により，前年度に比べて増益となりました。

（日立建機）

単位:億円		売上収益	Adjusted EBITA	Adjusted EBITA率
日立建機		4,751	432	9.1%
	対前年度比	46%	-569	-0.7%

　売上収益は，日立建機（株）株式の一部を 2022 年 8 月に売却したことにより，従来日立建機セグメントに含めていた日立建機（株）が当社の持分法適用会社となったことから，前年度に比べて減収となりました。

　Adjusted EBITA は，上記の日立建機（株）株式の一部売却の影響により，前年度に比べて減益となりました。

（日立金属）

単位:億円		売上収益	Adjusted EBITA	Adjusted EBITA率
日立金属		8,477	430	5.1%
	対前年度比	90%	+123	+1.8%

　売上収益は，日立金属（株）株式を 2023 年 1 月に売却したことにより，従来日立金属セグメントに含めていた日立金属（株）が当社の関係会社ではなくなったことから，前年度に比べて減収となりました。

　Adjusted EBITA は，上記の日立金属（株）株式の売却の影響があったものの，

コスト削減施策による収益性の改善等により，前年度に比べて増益となりました。

（その他）
　売上収益は，前年度に比べて4％増加し，4,730億円となりました。
　Adjusted EBITAは，前年度に比べて80億円減少し，155億円となりました。

③　地域ごとの売上収益の状況 ･･
　仕向地別に外部顧客向け売上収益の状況を概観すると次のとおりです。

地域別売上収益

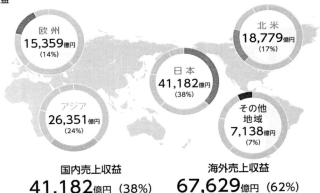

欧 州
15,359億円
(14%)

北 米
18,779億円
(17%)

日 本
41,182億円
(38%)

アジア
26,351億円
(24%)

その他
地域
7,138億円
(7%)

国内売上収益
41,182億円（38%）

海外売上収益
67,629億円（62%）

国内
　国内売上収益は，前年度に比べて減収となりました。これは主として，コネクティブインダストリーズセクターの増収に加え，自動車メーカーの生産量の緩やかな回復を受けたオートモティブシステムやデジタルシステム＆サービスセクターにおける（株）日立システムズ及び日立チャネルソリューションズ（株）の増収影響等があったものの，日立建機（株）株式の一部売却及び日立金属（株）株式の売却により減収となったことによるものです。

海外
　海外売上収益は，前年度に比べて増収となり，売上収益全体に占める比率は，

前年度に比べて3%増加し，62%となりました。各地域の状況は，以下のとおりです。

(北米)

　前年度に比べて増収となりました。これは主として，日立建機（株）株式の一部売却による減収影響等があったものの，市況の回復を受けたオートモティブシステムの増収，グリーンエナジー＆モビリティセクターにおけるパワーグリッド事業の増収，デジタルシステム＆サービスセクターがGlobalLogic社の買収等により増収となったことによるものです。

(欧州)

　前年度に比べて増収となりました。これは主として，日立建機（株）株式の一部売却による減収影響等があったものの，グリーンエナジー＆モビリティセクターにおけるパワーグリッド事業及び鉄道システム事業やコネクティブインダストリーズセクターにおける計測分析システム事業等が増収となったことによるものです。

(アジア)

　中国及びASEAN・インド他から成るアジアは，前年度に比べて増収となりました。これは主として，日立建機（株）株式の一部売却及び日立金属（株）株式の売却による減収影響等があったものの，市況の回復を受けたオートモティブシステムの増収，コネクティブインダストリーズセクターにおけるビルシステム事業及び計測分析システム事業やデジタルシステム＆サービスセクター等が増収となったことによるものです。

(その他の地域)

　前年度に比べて増収となりました。これは主として，日立建機（株）株式の一部売却による減収影響等があったものの，グリーンエナジー＆モビリティセクターにおけるパワーグリッド事業及び鉄道システム事業やオートモティブシステム等が増収となったこと等によるものです。

（3） 財政状態及びキャッシュ・フローの状況の分析 ·····························

① 流動性と資金の源泉 ·····························

財務活動の基本方針

　当社は，現在及び将来の事業活動のための適切な水準の流動性の維持及び機動的・効率的な資金の確保を財務活動の重要な方針としています。当社は，運転資金の効率的な管理を通じて，事業活動における資本効率の最適化を図るとともに，グループ内の資金の管理を当社や海外の金融子会社に集中させることを推進しており，グループ内の資金管理の効率改善に努めています。

　当社は，経営管理指標にROICを導入し，資本効率の向上と収益性の高い事業の成長を経営として推進しています。ROICは，事業に投じた資金（投下資本）によって生み出されたリターンを評価する指標で，税引後の事業利益を投下資本で除すことで算出します。リターンを上げるためにはROICが投下資本の調達コストである加重平均資本コスト（WACC）を上回る必要があります。

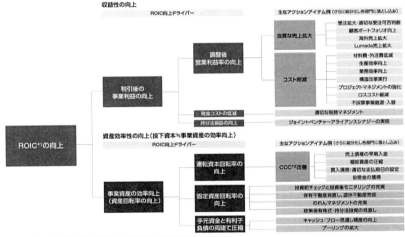

*1 ROICは，「ROIC=(税引後の調整後営業利益＋持分法損益)÷投下資本×100」により算出しています。
　なお，税引後の調整後営業利益=調整後営業利益×(1−税金負担率)，投下資本=有利子負債＋資本の部合計です。
*2 CCC (Cash Conversion Cycle:運転資金手持日数)

　また，2022年度からは，収益性を図る主要な指標として，これまでの調整後営業利益からAdjusted EBITA（調整後営業利益に，企業結合により認識した無形資産等の償却費を足し戻した上で，持分法による投資損益を加算して算出した

指標）へ変更しました。

今後は，Adjusted EBITA率12％及びROIC10％をめざすとともに，事業買収における投資判断の基準としても Adjusted EBITA率及びROIC を用いることで，投資判断の規律を徹底し，収益力の強化と事業資産の効率向上をさらに図っていきます。

資金需要の動向

当社の主要な資金使途は，成長に向けたM&A，人財への投資，設備投資や研究開発投資，株主還元等です。コア・フリーキャッシュ・フロー及び資産売却で得た資金を，これらの成長投資や株主還元にバランスよく配分していきます。

主なM&A等の案件については，「第5　経理の状況　1　連結財務諸表等　(1)連結財務諸表　連結財務諸表注記　注5.　事業再編等」に，設備投資の実績及び計画については，「第3　設備の状況」に，株主還元の方針及び実績については，「第4　提出会社の状況　3　配当政策」に記載しています。

資金の源泉

当社は，営業活動によるキャッシュ・フロー並びに現金及び現金同等物を内部的な資金の主な源泉と考えており，短期投資についても，直ちに利用できる財源となりうると考えています。また，資金需要に応じて，国内及び海外の資本市場における債券の発行及び株式等の資本性証券の発行並びに金融機関からの借入により資金を調達することが可能です。設備投資やM&Aのための資金については，主として内部資金により充当することとしており，必要に応じて社債や株式等の発行により資金を調達することとしています。借入により資金を調達する場合には，D/Eレシオ，有利子負債/EBITDA倍率等の財務規律に照らし，適正な財政状態を維持する方針としています。当社は，機動的な資金調達を可能とするため，3,000億円を上限とする社債の発行登録を行っています。

当社及び一部の子会社は，資金需要に応じた効率的な資金の調達を確保するため，複数の金融機関との間でコミットメントラインを設定しています。当社においては，契約期間1年で期間満了時に更新するコミットメントライン契約と，契約期間3年で2025年7月29日を期限とするコミットメントライン契約を締結しています。2023年3月31日現在における当社及び子会社のコミットメントライ

ン契約に係る借入未実行残高の合計は5,130億円であり，このうち当社は5,050億円です。

当社は，ムーディーズ・ジャパン（株）（ムーディーズ），S&Pグローバル・レーティング・ジャパン（株）（S&P）及び（株）格付投資情報センター（R&I）から債券格付けを取得しています。2023年3月31日現在における格付けの状況は，次のとおりです。

格付会社	長期会社格付け	短期会社格付け
ムーディーズ	A3	P-2
S&P	A	A-1
R&I	AA-	a-1+

当社は，現在の格付け水準の下で，引き続き，国内及び海外の資本市場から必要な資金調達が可能であると考えており，格付け水準の維持・向上を図っていきます。

② キャッシュ・フロー ··
（営業活動に関するキャッシュ・フロー）

当期利益は前年度に比べて330億円増加しました。売上債権及び契約資産の増減による支出が前年度に比べて273億円増加し，買入債務の増減による収入が前年度に比べて1,125億円減少したものの，棚卸資産の増減による支出が前年度に比べて858億円減少したことに加え，法人所得税等の支払いが前年度に比べて776億円減少したこと等により，営業活動に関するキャッシュ・フローの収入は，前年度に比べて971億円増加し，8,270億円となりました。

（投資活動に関するキャッシュ・フロー）

固定資産関連の純投資額（注1）が前年度に比べて249億円増加して3,550億円の支出となったものの，有価証券及びその他の金融資産（子会社及び持分法で会計処理されている投資を含みます。）の取得による支出が，前年度にGlobalLogic Worldwide Holdings, Inc.株式を取得したこと等により，前年度に比べて8,271億円減少しました。また，有価証券及びその他の金融資産（子会社及び持分法で会計処理されている投資を含みます。）の売却による収入が日立建機（株）株式，日立金属（株）株式及び（株）日立物流株式の売却等により前年度に

比べて4,474億円増加しました。これらの結果，投資活動に関するキャッシュ・フローは，前年度の1兆488億円の支出に対して，1,510億円の収入となりました。

(注) 1. 有形固定資産の取得及び無形資産の取得の合計額から，有形固定資産及び無形資産の売却を差し引いた額。

（財務活動に関するキャッシュ・フロー）

長期借入債務の純支出額（注2）が前年度に比べて524億円減少したものの，短期借入金の純増減が前年度の6,532億円の収入に対して2,776億円の支出になったことに加え，自己株式の取得による支出が前年度に比べて1,999億円増加したこと等により，財務活動に関するキャッシュ・フローは，前年度の2,027億円の収入に対して，1兆1,429億円の支出となりました。

(注) 2. 長期借入債務による調達から償還を差し引いた額。

これらの結果，当連結会計年度末の現金及び現金同等物は，前年度末に比べて1,355億円減少し，8,332億円となりました。また，営業活動に関するキャッシュ・フローと投資活動に関するキャッシュ・フローを合わせた所謂フリー・キャッシュ・フローは，前年度に比べて1兆2,970億円増加し，9,781億円の収入となりました。

③ 資産，負債及び資本 ···

当連結会計年度末の総資産は，為替影響による資産の増加要因があったものの，日立建機（株）が当社の持分法適用会社になったことや日立金属（株）が連結対象外となったこと等により，前年度末に比べて1兆3,860億円減少し，12兆5,014億円となりました。当連結会計年度末の現金及び現金同等物は，前年度末に比べて1,355億円減少し，8,332億円となりました。

当連結会計年度末の有利子負債（短期借入金及び償還期長期債務を含む長期債務の合計）は，前年度末に比べて9,133億円減少し，2兆2,133億円となりました。金融機関からの借入やコマーシャル・ペーパー等から成る短期借入金は，前年度末に比べて4,564億円減少し，7,776億円となりました。償還期長期債務は，前年度末に比べて1,945億円減少し，1,418億円となりました。社債及び銀行や保険会社からの借入等から成る長期債務（償還期を除きます。）は，前年度末に比べて2,623億円減少し，1兆2,938億円となりました。

当連結会計年度末の親会社株主持分は，前年度末に比べて6,010億円増加し，4兆9,428億円となりました。この結果，当連結会計年度末の親会社株主持分比率は，前年度末の31.3%に対して，39.5%となりました。

当連結会計年度末の非支配持分は，前年度末に比べて6,207億円減少し，3,927億円となりました。

当連結会計年度末の資本合計は，前年度末に比べて197億円減少し，5兆3,355億円となり，資本合計に対する有利子負債の比率は，前年度末から0.17ポイント減少し，0.41倍となりました。

(4) 生産，受注及び販売の状況

当グループの生産・販売品目は広範囲かつ多種多様であり，同種の製品であっても，その容量，構造，形式等は必ずしも一様ではなく，また，受注生産形態をとらない製品も多く，セグメントごとに生産規模及び受注規模を金額又は数量で示すことはしていません。長期にわたり収益が認識される契約を有する主なセグメントについては，未履行の履行義務残高を，「第5　経理の状況　1　連結財務諸表等　(1)連結財務諸表　連結財務諸表注記　注20.売上収益」に記載しています。また，販売の状況については，「(2)経営成績の状況の分析」において各セグメントの業績に関連付けて示しています。

(5) 重要な会計方針及び見積り

IFRSに基づく連結財務諸表の作成においては，期末日における資産・負債の報告金額及び偶発的資産・債務の開示並びに報告期間における収益・費用の報告金額に影響するような見積り及び仮定が必要となります。いくつかの会計上の見積りは，次の二つの理由により，連結財務諸表に与える重要性及びその見積りに影響する将来の事象が現在の判断と著しく異なる可能性があり，当グループの財政状態，財政状態の変化又は経営成績に重大な影響を及ぼす可能性があります。第一は，会計上の見積りがなされる時点においては，不確実性がきわめて高い事項についての仮定が必要になるため，第二は，当連結会計年度における会計上の見積りに合理的に用いることがありえた別の見積りが存在し，又は時間の経過に

より会計上の見積りの変化が合理的に起こりうるためです。見積り及び仮定が必要となる重要な会計方針は，次のとおりです。

長期請負契約等に係る見積り，コストの変動及び契約の解除

　当グループは，インフラシステムの建設に係る請負契約をはじめ多数の長期契約を締結しており，一定の期間にわたり製品及びサービス等の支配の移転が行われる取引については，顧客に提供する当該製品及びサービス等の性質を考慮し，履行義務の充足に向けての進捗度を発生原価又はサービス提供期間に基づき測定し収益を認識しています。なお，当該進捗度を合理的に測定することができない場合は，発生したコストの範囲で収益を認識しています。長期請負契約等に基づく収益認識において，見積原価総額，見積収益総額，契約に係るリスクやその他の要因について重要な仮定を行う必要がありますが，かかる見積りは変動する可能性があります。当グループは，これらの見積りを継続的に見直し，必要と考える場合には調整を行っています。当グループは，価格が確定している契約の予測損失は，その損失が見積られた時点で費用計上していますが，かかる見積りは変動する可能性があります。また，コストの変動は，当グループのコントロールの及ばない様々な理由によって発生する可能性があります。さらに，当グループ又はその取引相手が契約を解除する可能性もあります。このような場合，当グループは，当該契約に関する当初の見積りを見直す必要が生じ，かかる見直しは，当グループの事業，財政状態及び経営成績に悪影響を及ぼす可能性があります。

企業結合

　企業結合の会計処理は取得法を用いています。被取得会社の有形資産のほか，技術やブランド，顧客リストといった無形資産も公正価値にて評価を行いますが，かかる評価において，個々の事案に応じた適切な前提条件や将来予測に基づき，見積りを行います。評価は通常，独立した外部専門家が評価プロセスに関与しますが，評価における重要な見積り及び前提には固有の不確実性が含まれます。当グループは，主要な前提条件の見積りは合理的であると考えていますが，実際の結果が異なる可能性があります。

資産の減損

　当グループは，保有しかつ使用している資産の帳簿価額について，帳簿価額の回収ができなくなる可能性を示す事象又は状況の変化が生じた場合は，減損の兆候の有無を判定します。この判定において，資産の帳簿価額が減損していると判断された場合は，帳簿価額が回収可能価額を超える金額を減損損失として認識します。各資産及び資金生成単位又は資金生成単位グループごとの回収可能価額は，処分費用控除後の公正価値と使用価値のいずれか高い方で算定しています。

　公正価値を算定するために用いる評価技法として，主に当該資産等の使用及び最終処分価値から期待される見積将来キャッシュ・フローに基づくインカム・アプローチ（現在価値法）又は類似する公開企業との比較や当該資産等の時価総額等，市場参加者間の秩序ある取引において成立しうる価格を合理的に見積り算定するマーケット・アプローチを用いています。使用価値は，経営者により承認された事業計画を基礎とした将来キャッシュ・フローの見積額を，加重平均資本コストをもとに算定した割引率で現在価値に割り引いて算定しており，現時点で合理的であると判断される一定の前提に基づいていますが，マーケットに係るリスク，経営環境に係るリスク等により，実際の結果が大きく異なることがありえます。また，使用価値の算定に使用する割引率については，株式市場の動向や金利の変動等により影響を受けます。将来キャッシュ・フロー及び使用価値の見積りは合理的であると考えていますが，将来キャッシュ・フローや使用価値の減少をもたらすような予測不能な事業上の環境の変化に起因する見積りの変化が，資産の評価に不利に影響する可能性があります。当グループは，公正価値及び使用価値算定上の複雑さに応じ，外部専門家を適宜利用しています。

　のれんは，事業買収で獲得する市場競争力を基礎とする超過収益力の源泉であり，被取得会社の純資産と，取得の対価の差額の内，無形資産等に計上された額以外をのれんとして計上します。のれんは，IFRSに基づき，償却をせず，減損の兆候の有無にかかわらず，毎年，主に第4四半期において，その資産の属する資金生成単位又は資金生成単位グループごとに回収可能価額を見積り，減損テストを実施しています。また，当初の見積りと直近の見積りを比較するモニタリングを継続し，事業戦略の変更や市場環境等の変化により，その価値が当初の見積

りを下回り，帳簿価額が回収不可能であるような兆候がある場合には，その都度，減損テストを実施しています。当該事象や状況の変化には，世界的な経済や金融市場における危機も含まれ，その資産の属する資金生成単位又は資金生成単位グループの帳簿価額が回収可能価額を超える場合には，その超過額を減損損失として認識しています。

減損及びのれんのセグメントごとの内訳は，「第5　経理の状況　1　連結財務諸表等　(1)連結財務諸表　連結財務諸表注記　注4　セグメント情報」に記載しています。主な内容は，「第5　経理の状況　1　連結財務諸表等　(1)連結財務諸表　連結財務諸表注記　注9　有形固定資産　及び　注10　のれん及びその他の無形資産」に記載しています。

繰延税金資産

繰延税金資産は，将来の期に回収されることとなる税額であり，実現可能性を評価するにあたり，当グループは，同資産の一部又は全部が実現しない蓋然性の検討を行っています。実現可能性は確定的ではありませんが，実現可能性の評価において，当グループは，繰延税金負債の振り戻しの予定及び予測される将来の課税所得を考慮しています。将来の課税所得の見積りの基礎となる，将来の業績の見通しは，経済の動向，市場における需給動向，製品及びサービスの販売価格，原材料及び部品の調達価格，為替相場の変動，急速な技術革新等予見しえない事象により実際とは異なる結果となり，将来において修正される可能性があります。その結果，認識可能と判断された繰延税金資産の金額に不利な影響を及ぼす可能性があります。繰延税金資産の実現可能性の評価は，各納税地域の各納税単位で行われており，類似の事業を営む場合でも，製品や納税地域の違いにより異なった評価となりえます。同資産が最終的に実現するか否かは，これらの一時差異等が，将来，それぞれの納税地域における納税額の計算上，課税所得の減額あるいは税額控除が可能となる会計期間において，課税所得を計上しうるか否かによります。これらの諸要素に基づき当グループは，2023年3月31日現在で認識可能と判断された繰延税金資産が実現する蓋然性は高いと判断していますが，実際に課税所得が生じる時期及び金額は見積りと異なる可能性があります。

退職給付に係る負債

　当グループは，数理計算によって算出される多額の退職給付費用を負担しています。この評価には，死亡率，脱退率，退職率，給与の変更及び割引率等の退職給付費用を見積る上で利用される様々な数理計算上の仮定が含まれています。当グループは，人員の状況，市況及び将来の金利の動向等の多くの要素を考慮に入れて，数理計算上の仮定を見積る必要があります。数理計算上の仮定の見積りは，基礎となる要素に基づき，合理的なものであると考えていますが，実際の結果と合致する保証はありません。数理計算上の仮定が実際の結果と異なった場合，その結果として実際の退職給付費用が見積費用から乖離して，当グループの財政状態及び経営成績に悪影響を及ぼす可能性があります。割引率の低下は，数理上の退職給付に係る負債の増加をもたらす可能性があります。また，当グループは，割引率等の数理計算上の仮定を変更する可能性があります。数理計算上の仮定の変更も，当グループの財政状態及び経営成績に悪影響を及ぼす可能性があります。

　退職後給付の算定については，「第5　経理の状況　1　連結財務諸表等　(1)連結財務諸表　連結財務諸表注記　注3　主要な会計方針の概要　(11)退職後給付」に記載しています。

(6)　将来予想に関する記述 ···

　「1　経営方針，経営環境及び対処すべき課題等」，「2　サステナビリティに関する考え方及び取組」，「3　事業等のリスク」及び「4　経営者による財政状態，経営成績及びキャッシュ・フローの状況の分析」等は，当社又は当グループの今後の計画，見通し，戦略等の将来予想に関する記述を含んでいます。将来予想に関する記述は，当社又は当グループが当有価証券報告書提出日現在において合理的であると判断する一定の前提に基づいており，実際の業績等の結果は見通しと大きく異なることがありえます。その要因のうち，主なものは以下のとおりです。

　・主要市場における経済状況及び需要の急激な変動
　・為替相場変動
　・資金調達環境
　・株式相場変動

(point) **財務諸表**

　この項目では，連結ではなく単体の貸借対照表と，損益計算書の内訳を確認することができる。連結＝単体＋子会社なので，会社によっては単体の業績を調べて連結全体の業績予想のヒントにする場合があるが，あまりその必要性がある企業は多くない。

- 原材料・部品の不足及び価格の変動
- 信用供与を行った取引先の財政状態
- 主要市場・事業拠点（特に日本，アジア，米国及び欧州）における政治・社会状況及び貿易規制等各種規制
- 気候変動対策に関する規制強化等への対応
- 情報システムへの依存及び機密情報の管理
- 人財の確保
- 新技術を用いた製品の開発，タイムリーな市場投入，低コスト生産を実現する当社及び子会社の能力
- COVID-19の流行による社会的・経済的影響の悪化
- 地震・津波等の自然災害，気候変動，感染症の流行及びテロ・紛争等による政治的・社会的混乱
- 長期請負契約等における見積り，コストの変動及び契約の解除
- 価格競争の激化
- 製品等の需給の変動
- 製品等の需給，為替相場及び原材料価格の変動並びに原材料・部品の不足に対応する当社及び子会社の能力
- コスト構造改革施策の実施
- 社会イノベーション事業強化に係る戦略
- 企業買収，事業の合弁及び戦略的提携の実施並びにこれらに関連する費用の発生
- 事業再構築のための施策の実施
- 持分法適用会社への投資に係る損失
- 当社，子会社又は持分法適用会社に対する訴訟その他の法的手続
- 製品やサービスに関する欠陥・瑕疵等
- 自社の知的財産の保護及び他社の知的財産の利用の確保
- 退職給付に係る負債の算定における見積り

設備の状況

1 設備投資等の概要

　当グループ（当社及び連結子会社）は，長期的に成長が期待できる製品分野及び研究開発部門への投資に重点を置き，あわせて省力化，合理化及び製品・サービスの信頼性向上のための投資を行っています。

　当連結会計年度の設備投資金額（有形固定資産及び投資不動産受入ベース）は，3,497億円であり，内訳は次のとおりです。

セグメントの名称	設備投資金額 （億円）	前年度比 （%）	主な内容・目的
デジタルシステム＆サービス	649	101	製品開発、データセンタの維持・更新
グリーンエナジー＆モビリティ	725	109	パワーグリッド製品等生産設備、 鉄道システム生産設備
コネクティブインダストリーズ	612	98	産業用機器生産設備、半導体製造装置・解析装置の開発及び生産増強、ビルシステム生産設備、その他の製品の開発及び生産合理化
オートモティブシステム	666	77	自動車機器の生産増強
日立建機	298	69	建設機械の生産合理化
日立金属	201	60	特殊鋼製品及び素形材製品の生産合理化、磁性材料・パワーエレクトロニクス及び電線材料の生産増強
その他	211	123	事業所の改修、研究開発設備
全社及び消去	129	86	―
合　　計	3,497	90	―

（注）1. 上表は，使用権資産の「有形固定資産」への計上額及び投資不動産の「その他の非流動資産」への計上額を含んでいます。

　　　2. 所要資金は，主として自己資金をもって充当しています。

2　主要な設備の状況

　当グループ（当社及び連結子会社）は，多種多様な事業を国内外で行っており，主要な設備の状況については，セグメントごとの数値とともに主たる設備の状況を開示する方法によっています。

　当連結会計年度末における状況は，次のとおりです。

（1）　セグメントの内訳 ··

（2023年3月31日現在）

セグメントの名称	帳簿価額　（百万円）								従業員数（人）
	土地（面積千㎡）	建物及び構築物	機械装置及び運搬具	工具、器具及び備品	使用権資産	その他の有形固定資産	建設仮勘定	合計	
デジタルシステム&サービス	7,015 (735)	60,619	36,866	42,968	85,812	12,272	2,995	248,547	100,763
グリーンエナジー&モビリティ	35,385 (12,253)	110,193	118,236	31,033	53,640	48	61,417	409,952	60,180
コネクティブインダストリーズ	35,451 (5,066)	154,171	57,887	42,075	44,243	－	14,711	348,538	81,883
オートモティブシステム	52,231 (9,948)	125,679	277,526	27,510	23,092	12	49,310	555,360	64,372
日立建機	－ (－)	－	－	－	－	－	－	－	－
日立金属	－ (－)	－	－	－	－	－	－	－	－
その他	21,666 (1,448)	52,018	2,759	10,839	34,444	－	1,124	122,850	12,044
小　計	151,748 (29,450)	502,680	493,274	154,425	241,231	12,332	129,557	1,685,247	319,242
全社及び消去	△10,455 (1,016)	20,110	121	3,643	1,701	－	104	15,224	3,283
合　計	141,293 (30,466)	522,790	493,395	158,068	242,932	12,332	129,661	1,700,471	322,525

（2） 提出会社

（2023年3月31日現在）

事業所名（主な所在地）	セグメントの名称	設備の内容	帳簿価額（百万円）								従業員数（人）
			土地（面積千㎡）	建物及び構築物	機械装置及び運搬具	工具、器具及び備品	使用権資産	その他の有形固定資産	建設仮勘定	合計	
金融、社会ビジネスユニット、デジタルシステム＆サービス統括本部（神奈川県川崎市）	デジタルシステム＆サービス	システム開発設備、サーバ・汎用コンピュータ等生産設備	607 (40)	30,254	115	16,096	22,565	7,077	1,062	77,778	10,705
本社（東京都千代田区）	全社	その他設備	5,225 (963)	10,274	112	1,963	21,694	—	10	39,280	1,187
研究開発グループ（東京都国分寺市）	その他	研究開発設備	6,063 (776)	18,427	964	3,124	2,144		204	30,929	2,231
鉄道ビジネスユニット（山口県下松市）	グリーンエナジー＆モビリティ	鉄道車両等生産設備	1,013 (666)	14,033	4,855	649	3,876	—	852	25,281	2,707
原子力、エネルギービジネスユニット（茨城県日立市）	グリーンエナジー＆モビリティ	発電機器等生産設備	9,143 (3,057)	5,164	41	939	1,173	—	353	16,816	994
病院統括本部（茨城県日立市）	全社	医療設備	63 (53)	10,549	7	1,502	33	—	94	12,251	1,825
サービス＆プラットフォームビジネスユニット（茨城県日立市）	デジタルシステム＆サービス	産業用機器・プラント生産設備、配電盤・計算制御装置生産設備、システム開発設備	521 (202)	6,647	563	2,183	1,898	0	307	12,122	4,358
ITデジタル統括本部（東京都千代田区）	その他	システム開発設備	— (—)	1,431	0	5,150	—	—	107	6,689	502
ヘルスケア事業本部（東京都港区）	コネクティブインダストリーズ	医療機器生産設備	1,024 (10)	703	157	708	1,418	—	951	4,963	678
ビルシステムビジネスユニット（茨城県ひたちなか市）	コネクティブインダストリーズ	ビルシステム生産設備	43 (476)	3,206	49	23	—	—		3,322	237

（3） 国内子会社 ···

（2023年3月31日現在）

子会社事業所名（主な所在地）	セグメントの名称	設備の内容	帳簿価額 （百万円）								従業員数（人）
			土地（面積千㎡）	建物及び構築物	機械装置及び運搬具	工具、器具及び備品	使用権資産	その他の有形固定資産	建設仮勘定	合計	
日立Astemo㈱（茨城県ひたちなか市）	オートモティブシステム	自動車機器生産設備	20,841 (3,335)	42,033	70,966	7,221	6,389	－	4,419	151,869	16,133
㈱日立ハイテク那珂地区（茨城県ひたちなか市）	コネクティブインダストリーズ	半導体関連製造装置及び計測・分析装置等生産設備	2,116 (241)	27,169	7,893	12,858	808	－	903	51,747	3,232
日立グローバルライフソリューションズ㈱多賀事業所（茨城県日立市）	コネクティブインダストリーズ	家電製品等生産設備	339 (649)	4,330	4,595	4,532	6	－	581	14,386	1,122
㈱日立ビルシステム本社（東京都千代田区）	コネクティブインダストリーズ	その他設備	3,980 (54)	5,643	341	1,092	－	－	164	11,621	1,495
日立Astemo電動機システムズ㈱（茨城県ひたちなか市）	オートモティブシステム	自動車機器生産設備	－ (－)	881	10,434	167	3	－	3	11,488	373
㈱日立リアルエステートパートナーズ日立レクトシップ戸塚（神奈川県横浜市）	その他	賃貸用事業所	－ (－)	10,967	24	260	－	－	－	11,251	－
㈱日立ハイテク笠戸地区（山口県下松市）	コネクティブインダストリーズ	半導体関連製造装置等生産設備	321 (15)	2,136	5,588	2,105	239	－	682	11,071	604
㈱日立インフォメーションエンジニアリングシステムプラザ横浜（神奈川県横浜市）	デジタルシステム＆サービス	データセンタ	－ (－)	5,449	－	113	4,877	－	3	10,443	420
日立Astemo阪神㈱（兵庫県三田市）	オートモティブシステム	自動車機器生産設備	1,959 (67)	2,959	3,126	321	12	－	158	8,535	340
日立Astemo上田㈱（長野県上田市）	オートモティブシステム	自動車機器生産設備	1,104 (792)	2,088	3,347	123	1,688	－	86	8,436	640

（4）　在外子会社

（2023年3月31日現在）

子会社名（主な所在地）	セグメントの名称	設備の内容	帳簿価額（百万円）								従業員数（人）
			土地（面積千㎡）	建物及び構築物	機械装置及び運搬具	工具、器具及び備品	使用権資産	その他の有形固定資産	建設仮勘定	合計	
Hitachi Energy Ltd（スイス チューリッヒ）	グリーンエナジー＆モビリティ	パワーグリッド製品等製造設備	15,879(2,338)	62,933	105,618	14,507	41,305	—	50,109	290,351	39,995
Hitachi Vantara LLC（アメリカ カリフォルニア）	デジタルシステム＆サービス	その他設備	—(—)	—	18,794	14,551	20,779	2,001	—	56,125	13,933
Hitachi Astemo Americas, Inc.（アメリカ ケンタッキー）	オートモティブシステム	自動車機器生産設備	569(1,320)	10,202	14,675	1,109	770	—	7,667	34,992	4,149
Hitachi Astemo Mexico, S.A. de C.V.（メキシコ ケレタロ）	オートモティブシステム	自動車機器生産設備	3,712(426)	5,679	23,616	930	—	—	1,043	34,980	4,033
Hitachi Astemo Netherlands B.V.（オランダ アイントホーフェン）	オートモティブシステム	自動車機器生産設備	—(—)	8,053	15,456	1,263	1,327	—	6,638	32,737	5,811

（注）　Hitachi Energy Ltd，Hitachi Vantara LLC及びHitachi Astemo Netherlands B.V.の数値は，各社の連結決算数値です。

3 設備の新設，除却等の計画

　当グループ（当社及び連結子会社）は，多種多様な事業を国内外で行っており，期末時点では設備の新設及び拡充の計画を個々の案件ごとに決定していません。そのため，セグメントごとの数値を開示する方法によっています。

　当連結会計年度後1年間の設備投資計画（新設及び拡充。有形固定資産及び投資不動産受入ベース）の金額は，3,100億円であり，内訳は次のとおりです。

セグメントの名称	設備投資計画金額（億円）	主な内容・目的
デジタルシステム＆サービス	670	製品開発、データセンタの維持・更新
グリーンエナジー＆モビリティ	990	パワーグリッド製品等生産設備、鉄道システム生産設備
コネクティブインダストリーズ	800	産業用機器生産設備、半導体製造装置・解析装置の開発及び生産増強、ビルシステム生産設備、その他の製品の開発及び生産合理化
オートモティブシステム	400	自動車機器の生産増強
その他	220	事業所の改修、研究開発設備
全社及び消去	20	―
合　　計	3,100	―

（注）1. 上表は，使用権資産の「有形固定資産」への計上額及び投資不動産の「その他の非流動資産」への計上額を含んでいます。
　　2. 設備投資計画の今後の所要資金については，主として自己資金をもって充当する予定です。
　　3. 経常的な設備の更新のための除却・売却を除き，重要な設備の除却・売却の計画はありません。

提出会社の状況

1 株式等の状況

（1） 株式の総数等】 ･･･

① 株式の総数

種類	発行可能株式総数（株）
普 通 株 式	2,000,000,000
計	2,000,000,000

② 発行済株式

種類	事業年度末現在発行数(株)（2023年3月31日）	提出日現在発行数(株)（注）（2023年6月21日）	上場金融商品取引所名又は登録認可金融商品取引業協会名	内容
普通株式	938,083,077	938,241,277	東京、名古屋	単元株式数は100株
計	938,083,077	938,241,277	－	－

（注） 「提出日現在発行数」欄に記載されている株式数には，2023年6月1日から提出日までの間の新株予約権の行使により発行した株式数を含みません。

1. 連結財務諸表及び財務諸表の作成方法について ·····················

（1）　当社の連結財務諸表は，「連結財務諸表の用語，様式及び作成方法に関する規則」（昭和51年大蔵省令第28号）第1条の2に掲げる「指定国際会計基準特定会社」の要件を全て満たすことから，第93条の規定により，国際財務報告基準に準拠して作成しています。

（2）　当社の財務諸表は，「財務諸表等の用語，様式及び作成方法に関する規則」（昭和38年大蔵省令第59号，以下「財務諸表等規則」）に基づいて作成しています。また，当社は，特例財務諸表提出会社に該当し，財務諸表等規則第127条の規定により財務諸表を作成しています。

2. 監査証明について ··

金融商品取引法第193条の2第1項の規定に基づき，連結会計年度（2022年4月1日から2023年3月31日まで）の連結財務諸表及び事業年度（2022年4月1日から2023年3月31日まで）の財務諸表について，EY新日本有限責任監査法人の監査を受け，監査報告書を受領しています。

3. 連結財務諸表等の適正性を確保するための特段の取組みについて ·············

当社は，連結財務諸表等の適正性を確保するための特段の取組みを行っています。具体的には，国際会計基準審議会，金融庁及び会計専門家等が提供する情報の継続的な入手，並びに公益財団法人財務会計基準機構への加入等，会計基準等の内容を適切に把握し，会計基準等の変更等について的確に対応することができる体制を整備しています。

1 連結財務諸表等

(1) 【連結財務諸表】 ···

① 【連結財政状態計算書】

(単位：百万円)

	注記番号	前連結会計年度 （2022年3月31日）	当連結会計年度 （2023年3月31日）
資産の部			
流動資産			
現金及び現金同等物	25	968,827	833,283
売上債権及び契約資産	6、20、25	2,978,149	2,874,987
棚卸資産	7	2,042,432	1,646,188
有価証券及びその他の金融資産	11、25	376,315	346,916
その他の流動資産		233,708	227,161
流動資産合計		6,599,431	5,928,535
非流動資産			
持分法で会計処理されている投資	5、8	411,201	478,620
有価証券及びその他の金融資産	11、25	584,806	496,897
有形固定資産	9	2,478,901	1,700,471
のれん	5、10	2,153,706	2,165,350
その他の無形資産	5、10	1,257,128	1,244,688
その他の非流動資産	12	402,329	486,853
非流動資産合計		7,288,071	6,572,879
資産の部合計		13,887,502	12,501,414
負債の部			
流動負債			
短期借入金	25	1,234,119	777,650
償還期長期債務	25	336,418	141,861
その他の金融負債	25	294,047	263,748
買入債務	13	1,754,633	1,548,497
未払費用		738,030	720,961
契約負債	20	1,069,732	1,241,366
その他の流動負債	14	427,087	472,095
流動負債合計		5,854,066	5,166,178
非流動負債			
長期債務	25	1,556,175	1,293,837
退職給付に係る負債	15	414,839	323,264
その他の非流動負債	8、12、14、25	707,145	382,568
非流動負債合計		2,678,159	1,999,669
負債の部合計		8,532,225	7,165,847
資本の部			
親会社株主持分			
資本金	16、19	461,731	462,817
資本剰余金	5、16、19、25	46,119	―
利益剰余金	16、18	3,197,725	3,637,184
その他の包括利益累計額	17	639,263	846,392
自己株式	16	△3,002	△3,539
親会社株主持分合計		4,341,836	4,942,854
非支配持分	5、25	1,013,441	392,713
資本の部合計		5,355,277	5,335,567
負債・資本の部合計		13,887,502	12,501,414

② 【連結損益計算書及び連結包括利益計算書】

【連結損益計算書】

(単位：百万円)

	注記番号	前連結会計年度 (自 2021年4月1日 至 2022年3月31日)	当連結会計年度 (自 2022年4月1日 至 2023年3月31日)
売上収益	20	10,264,602	10,881,150
売上原価		△7,705,981	△8,192,063
売上総利益		2,558,621	2,689,087
販売費及び一般管理費		△1,820,385	△1,940,943
その他の収益	5、21	128,354	302,196
その他の費用	5、15、21	△83,965	△245,016
金融収益	22	27,938	7,878
金融費用	22	△97	△20,417
持分法による投資損益	8	40,485	52,847
受取利息及び支払利息調整後税引前当期利益		850,951	845,632
受取利息		15,492	25,652
支払利息		△27,110	△51,313
税引前当期利益		839,333	819,971
法人所得税費用	12	△168,469	△116,101
当期利益		670,864	703,870
当期利益の帰属			
親会社株主持分		583,470	649,124
非支配持分		87,394	54,746
1株当たり親会社株主に帰属する当期利益	23		
基本		603.75円	684.55円
希薄化後		602.96円	683.89円

【連結包括利益計算書】

(単位：百万円)

	注記番号	前連結会計年度 (自 2021年4月1日 至 2022年3月31日)	当連結会計年度 (自 2022年4月1日 至 2023年3月31日)
当期利益		670,864	703,870
その他の包括利益	17		
純損益に組み替えられない項目			
その他の包括利益を通じて測定する金融資産の公正価値の純変動額		△11,224	21,484
確定給付制度の再測定		30,795	40,202
持分法のその他の包括利益		△403	1,511
純損益に組み替えられない項目合計		19,168	63,197
純損益に組み替えられる可能性がある項目			
在外営業活動体の換算差額		391,489	232,360
キャッシュ・フロー・ヘッジの公正価値の純変動額		8,172	7,265
持分法のその他の包括利益		41,207	14,595
純損益に組み替えられる可能性がある項目合計		440,868	254,220
その他の包括利益合計		460,036	317,417
当期包括利益		1,130,900	1,021,287
当期包括利益の帰属			
親会社株主持分		958,008	905,819
非支配持分		172,892	115,468

③ 【連結持分変動計算書】

前連結会計年度（自 2021年4月1日 至 2022年3月31日）

	資本金 (注16)	資本剰余金 (注16及び25)	利益剰余金 (注16及び18)	その他の包括利益累計額 (注17)	自己株式 (注16)	親会社株主持分合計	非支配持分 (注25)	資本の部合計
期首残高	460,790	84,040	2,710,604	273,561	△3,493	3,525,502	932,730	4,458,232
変動額								
利益剰余金への振替	—	—	14,861	△14,861	—	—	—	—
当期利益	—	—	583,470	—	—	583,470	87,394	670,864
その他の包括利益	—	—	—	374,538	—	374,538	85,498	460,036
親会社株主に対する配当金	—	—	△111,210	—	—	△111,210	—	△111,210
非支配持分に対する配当金	—	—	—	—	—	—	△63,647	△63,647
自己株式の取得	—	—	—	—	△251	△251	—	△251
自己株式の売却	—	△291	—	—	742	451	—	451
新株の発行 (注19)	941	941	—	—	—	1,882	—	1,882
非支配持分との取引等	—	△38,571	—	6,025	—	△32,546	△28,534	△61,080
変動額合計	941	△37,921	487,121	365,702	491	816,334	80,711	897,045
期末残高	461,731	46,119	3,197,725	639,263	△3,002	4,341,836	1,013,441	5,355,277

当連結会計年度（自 2022年4月1日 至 2023年3月31日）

	資本金 (注16)	資本剰余金 (注5及び16)	利益剰余金 (注16及び18)	その他の包括利益累計額 (注17)	自己株式 (注16)	親会社株主持分合計	非支配持分 (注5)	資本の部合計
期首残高	461,731	46,119	3,197,725	639,263	△3,002	4,341,836	1,013,441	5,355,277
変動額								
利益剰余金への振替	—	—	72,970	△72,970	—	—	—	—
当期利益	—	—	649,124	—	—	649,124	54,746	703,870
その他の包括利益	—	—	—	256,695	—	256,695	60,722	317,417
親会社株主に対する配当金	—	—	△129,148	—	—	△129,148	—	△129,148
非支配持分に対する配当金	—	—	—	—	—	—	△34,828	△34,828
自己株式の取得	—	—	—	—	△200,212	△200,212	—	△200,212
自己株式の売却	—	△94	—	—	258	164	—	164
自己株式の消却	—	△199,417	—	—	199,417	—	—	—
新株の発行 (注19)	1,086	1,086	—	—	—	2,172	—	2,172
利益剰余金から資本剰余金への振替	—	153,487	△153,487	—	—	—	—	—
非支配持分との取引等	—	△1,181	—	23,404	—	22,223	△701,368	△679,145
変動額合計	1,086	△46,119	439,459	207,129	△537	601,018	△620,728	△19,710
期末残高	462,817	—	3,637,184	846,392	△3,539	4,942,854	392,713	5,335,567

④ 【連結キャッシュ・フロー計算書】　　　　　　　　　　　　　（単位：百万円）

	注記番号	前連結会計年度 （自　2021年4月1日 至　2022年3月31日）	当連結会計年度 （自　2022年4月1日 至　2023年3月31日）
営業活動に関するキャッシュ・フロー			
当期利益		670,864	703,870
当期利益から営業活動に関する			
キャッシュ・フローへの調整			
減価償却費及び無形資産償却費		540,252	526,310
減損損失		35,091	129,894
法人所得税費用		168,469	116,101
持分法による投資損益		△40,485	△52,847
金融収益及び金融費用		△2,012	18,204
事業再編等損益		△102,135	△297,351
固定資産売却等損益		△21,066	△2,465
売上債権及び契約資産の増減（△は増加）		△33,292	△60,673
棚卸資産の増減（△は増加）		△330,187	△244,346
買入債務の増減（△は減少）		156,475	43,964
未払費用の増減（△は減少）		9,679	36,826
退職給付に係る負債の増減（△は減少）		△29,122	49,935
その他		△52,596	28,182
小計		969,935	995,604
利息の受取		16,372	25,675
配当金の受取		18,824	26,419
利息の支払		△26,698	△49,770
法人所得税の支払	24	△248,490	△170,883
営業活動に関するキャッシュ・フロー		729,943	827,045
投資活動に関するキャッシュ・フロー			
有形固定資産の取得		△296,968	△252,638
無形資産の取得		△142,893	△157,947
有形固定資産及び無形資産の売却		109,836	55,580
有価証券及びその他の金融資産(子会社及び持分法で会計処理されている投資を含む)の取得		△933,200	△106,069
有価証券及びその他の金融資産(子会社及び持分法で会計処理されている投資を含む)の売却		168,892	616,317
その他		45,467	△4,180
投資活動に関するキャッシュ・フロー		△1,048,866	151,063
財務活動に関するキャッシュ・フロー	24		
短期借入金の純増減		653,244	△277,685
長期借入債務による調達		44,798	80,062
長期借入債務の償還		△305,943	△288,795
非支配持分からの払込み		－	310
配当金の支払		△111,149	△129,005
非支配持分株主への配当金の支払		△56,338	△52,217
自己株式の取得		△251	△200,212
自己株式の売却		451	164
非支配持分株主からの子会社持分取得		△22,009	△274,687
その他		△64	△901
財務活動に関するキャッシュ・フロー		202,739	△1,142,966
現金及び現金同等物に係る為替変動による影響		69,125	29,314
現金及び現金同等物の増減		△47,059	△135,544
現金及び現金同等物の期首残高		1,015,886	968,827
現金及び現金同等物の期末残高		968,827	833,283

【連結財務諸表注記】

注1. 報告企業

　株式会社日立製作所（以下，当社）は日本に拠点を置く株式会社であり，その株式を公開しています。当社の連結財務諸表は，当社及び子会社並びにその関連会社及び共同支配企業に対する持分により構成されています。当社及び子会社からなる企業集団は，デジタルシステム＆サービス，グリーンエナジー＆モビリティ，コネクティブインダストリーズ，オートモティブシステム，日立建機，日立金属，その他の7セグメントにわたって，製品の開発，生産，販売，サービス等，グローバルに幅広い事業活動を展開しています。

注2. 作成の基礎

　当社の連結財務諸表は，「連結財務諸表の用語, 様式及び作成方法に関する規則」（昭和51年大蔵省令第28号）第1条の2に掲げる「指定国際会計基準特定会社」の要件を全て満たしていることから，同第93条の規定により，国際会計基準審議会（以下，IASB）によって公表された国際財務報告基準（以下，IFRS）に準拠して作成しています。当社の連結会計年度は，4月1日から翌年3月31日までです。

　当社の連結財務諸表は，デリバティブ金融資産及び金融負債，純損益を通じて公正価値で測定する金融資産及び金融負債，その他の包括利益を通じて公正価値で測定する金融資産，確定給付制度にかかる資産又は負債を除き，取得原価を基礎として作成しています。また，連結財務諸表は当社の機能通貨である日本円により百万円単位で表示しています。

　IFRSに準拠した連結財務諸表の作成において，当社の経営者は会計方針の適用並びに資産及び負債，収益及び費用の報告額に影響を及ぼす判断，見積り及び仮定の設定を行うことが義務付けられています。実際の業績はこれらの見積り等とは異なる場合があります。

　見積り及びその基礎となる仮定は継続して見直しています。会計上の見積りの変更による影響は，その見積りを変更した会計期間及び影響を受ける将来の会計期間において認識しています。

　連結財務諸表上で認識する金額に重要な影響を与える会計方針の適用に関する

判断に関する情報は，以下の注記に含まれています。

- ・注3．（1）連結の基礎
- ・注3．（4）金融商品及び注25．金融商品及び関連する開示

翌連結会計年度において重要な修正をもたらすリスクのある，仮定及び見積りの不確実性に関する情報は，以下の注記等に含まれています。

- ・注3．（10）非金融資産の減損，注9．有形固定資産及び注10．のれん及びその他の無形資産
- ・注3．（11）退職後給付及び注15．従業員給付
- ・注3．（12）引当金，注3．（14）収益認識，注14．引当金及び注20．売上収益
- ・注3．（15）法人所得税費用及び注12．繰延税金及び法人所得税

注3．主要な会計方針の概要

（1）　連結の基礎 ···

①　子会社

子会社とは，当社が支配を有する事業体をいいます。支配とは，その事業体への関与により生じる変動リターンに対するリスク又は権利を有し，かつ当該事業体に対するパワーを通じてその変動リターンに影響を及ぼす能力をいいます。

子会社は全て，取得日すなわち当社が支配を獲得した日から，当社が支配を喪失する日まで連結しています。

子会社が適用する会計方針が当社の適用する会計方針と異なる場合には，必要に応じ当該子会社の財務諸表の調整を行っています。

支配の喪失を伴わない子会社に対する持分変動があった場合には，資本取引として会計処理しています。一方，支配の喪失を伴う子会社に対する持分変動があった場合には，子会社の資産及び負債，子会社に関連する非支配持分及びその他の包括利益累計額の認識を中止しています。

②　関連会社及び共同支配企業

関連会社とは，当社が支配を有していないものの，その企業の経営方針や財務方針に重要な影響力を行使できる事業体をいいます。

共同支配企業とは，契約上の取決めにより当社を含む複数の当事者が共同して支配をしており，その活動に関連する財務上及び経営上の決定に際して，支配を共有する当事者の一致した合意を必要とする企業をいいます。

　当社は，関連会社及び共同支配企業への投資について，持分法を用いて会計処理しています。（以下，持分法適用会社）

　連結財務諸表には，重要な影響力又は共同支配を獲得した日から喪失するまでの持分法適用会社の純損益及びその他の包括利益に対する当社の持分を含めています。

　持分法適用会社が適用する会計方針が当社の適用する会計方針と異なる場合には，必要に応じ持分法適用会社の財務諸表を調整しています。

③　**組成された事業体**

　当社は，組成された事業体への関与から生じる変動リターンに対するリスク又は権利を有している場合で，当該事業体に対するパワーを通じてこれらの変動リターンに影響を与えることができる場合，当該事業体に対し支配を有していると判断し連結しています。

(2)　現金同等物 ··

　現金同等物は，流動性が高く，元本の価値変動のリスクが極めて低い，取得日から3ヵ月以内に満期となる短期投資からなります。

(3)　外貨換算 ···

　当社の連結財務諸表は，当社の機能通貨である日本円で表示しています。

①　**外貨建取引**

　外貨建取引は，取引日における直物為替相場又はそれに近似するレートにより当社及び子会社の各機能通貨に換算しています。期末日における外貨建貨幣性資産及び負債は，期末日の為替レートで機能通貨に再換算しています。当該換算及び決済により生じる換算差額は純損益として認識しています。但し，発生する損益がその他の包括利益で認識される資産及び負債に関しては，それらから生じる換算差額はその他の包括利益として認識し，その累計額はその他の

包括利益累計額に認識しています。

② **在外営業活動体の財務諸表の換算**

　　在外営業活動体の資産及び負債は決算日の為替相場により，収益及び費用は期中平均為替相場により円換算しています。在外営業活動体の財務諸表の換算により発生する換算差額は，その他の包括利益として認識し，その累計額はその他の包括利益累計額に認識しています。

(4)　金融商品 ....

① **非デリバティブ金融資産**

　　当社は，売上債権及びその他の債権を，これらの発生日に当初認識しています。その他の金融資産は，当社が当該金融商品の契約当事者となった取引日に当初認識しています。

　　当社は，金融資産から生じるキャッシュ・フローに対する契約上の権利が消滅した場合又は金融資産の所有にかかるリスクと経済的便益を実質的に全て移転する取引において，当該金融資産から生じるキャッシュ・フローを受け取る契約上の権利を移転した時に当該金融資産の認識を中止しています。金融資産の所有に伴う実質的に全てのリスク及び経済価値を留保も移転もしない取引においては，当社は当該金融資産への支配を保持していない場合にその資産の認識を中止するものとしています。

　　非デリバティブ金融資産の分類及び測定方法の概要は，下記のとおりです。

償却原価で測定する金融資産

　　以下の要件を満たす金融資産を償却原価で測定する金融資産として分類しています。

・当社のビジネスモデルにおいて，当該金融資産の契約上のキャッシュ・フローを回収することを目的として保有している場合

・契約条件が，特定された日に元本及び元本残高にかかる利息の支払いのみによるキャッシュ・フローを生じさせる場合

　　償却原価で測定する金融資産は，公正価値（直接帰属する取引費用を含む）で当初認識しています。当初認識後は，実効金利法を用いて帳簿価額を算定し

ています。また，償却原価で測定する金融資産にかかる利息発生額は連結損益計算書の受取利息に含まれます。

その他の包括利益を通じて公正価値で測定する金融資産

当社は，主に投資先との取引関係の維持，強化による収益基盤の拡大を目的として保有している資本性金融資産をその他の包括利益を通じて公正価値で測定する金融資産として分類しています。その他の包括利益を通じて公正価値で測定する金融資産は公正価値（直接帰属する取引費用を含む）で当初認識し，それ以降も連結決算日の公正価値で測定しています。公正価値の変動は連結会計期間のその他の包括利益として認識し，その累計額はその他の包括利益累計額に認識しています。ただし，その他の包括利益を通じて公正価値で測定する金融資産から生じる配当金については，明らかに投資の払い戻しの場合を除き，純損益として認識しています。

純損益を通じて公正価値で測定する金融資産

その他の包括利益を通じて公正価値で測定する金融資産として分類されない資本性金融資産及び償却原価で測定する金融資産に分類されない負債性金融資産は，全て純損益を通じて公正価値で測定する金融資産に分類しています。純損益を通じて公正価値で測定する金融資産は，当初認識後，公正価値（直接帰属する取引費用を含む）で測定し，その公正価値の変動は純損益として認識しています。

金融資産の減損

当社は，売上債権及び契約資産並びにその他の債権に関する予想信用損失に係る貸倒引当金について，信用リスクが当初認識以降に著しく増大しているか否かに応じて，少なくとも四半期毎に継続的評価を実施しています。

信用リスクが当初認識以降に著しく増大している場合には，金融資産の予想残存期間の全期間の予想信用損失に等しい金額で貸倒引当金を測定しています。信用リスクが当初認識以降に著しく増大していない場合には，期末日後12か月以内に生じる予想信用損失に等しい金額で貸倒引当金を測定しています。ただし，売上債権，契約資産及びリース債権については，常に全期間の予想信用損失に等しい金額で貸倒引当金を測定しています。

信用リスクの著しい増大の有無は，債務不履行発生のリスクの変化に基づいて判断しており，債務不履行とは，債務者による契約上のキャッシュ・フローの支払いに重大な問題が生じ，金融資産の全体又は一部分を回収するという合理的な予想を有していない状態と定義しています。債務不履行発生のリスクに変化があるかどうかの判断においては，主に外部信用格付け，期日経過の情報等を考慮しています。

　予想信用損失は，金融資産に関して契約上支払われるキャッシュ・フロー総額と，受取りが見込まれる将来キャッシュ・フロー総額との差額の割引現在価値を発生確率により加重平均して測定します。支払遅延の存在，支払期日の延長，外部信用調査機関による否定的評価，債務超過等悪化した財政状況や経営成績の評価を含む，一つ又は複数の事象が発生している場合には，信用減損が生じた金融資産として個別的評価を行い，主に過去の貸倒実績や将来の回収可能額等に基づき予想信用損失を測定しています。信用減損が生じていない金融資産については，主に過去の貸倒実績に必要に応じて現在及び将来の経済状況等を踏まえて調整した引当率等に基づく集合的評価により予想信用損失を測定しています。

　売上債権及び契約資産並びにその他の債権に関する予想信用損失については，帳簿価額を直接減額せず，貸倒引当金を計上しています。予想信用損失の変動額は減損損失として純損益に認識しており，連結損益計算書の販売費及び一般管理費に含まれます。なお，金融資産について，全ての回収手段がなくなり，回収可能性がほぼ尽きたと考えられる時点で，金融資産の全体又は一部分を回収するという合理的な予想を有していないと判断し，直接償却しています。

② **非デリバティブ金融負債**

　当社は，発行した負債性金融商品を，その発行日に当初認識しています。その他の金融負債は全て，当社が当該金融商品の契約の当事者になる取引日に認識しています。

　当社は，金融負債が消滅した場合，つまり契約上の義務が履行されるか，債

務が免責，取消又は失効となった場合に，認識を中止しています。

　当社は，非デリバティブ金融負債として，社債，借入金，買入債務及びその他の金融負債を有しており，それらを公正価値（直接帰属する取引費用を控除後）で当初認識しています。また，社債及び借入金については当初認識後，実効金利法を用いた償却原価により測定しており，利息発生額は連結損益計算書の支払利息に含まれます。

③　デリバティブ及びヘッジ会計

　当社は，為替リスク及び金利リスクをヘッジするために，先物為替予約契約，通貨スワップ契約及び金利スワップ契約といったデリバティブ商品を利用しています。これらのデリバティブはその保有目的，保有意思にかかわらず全て公正価値で計上しています。

　当社が利用しているヘッジの会計処理は，下記のとおりです。
- 「公正価値ヘッジ」は，既に認識された資産又は負債もしくは未認識の確定契約の公正価値の変動に対するヘッジであり，ヘッジの効果が有効である限り，既に認識された資産又は負債もしくは未認識の確定契約とその関連するデリバティブの公正価値の変動は純損益で認識しています。
- 「キャッシュ・フロー・ヘッジ」は，将来取引のヘッジ又は既に認識された資産又は負債に関連して発生する将来キャッシュ・フローの変動に対するヘッジであり，ヘッジの効果が有効である限り，キャッシュ・フロー・ヘッジとして指定したデリバティブの公正価値の変動はその他の包括利益として認識しています。この会計処理は，ヘッジ対象に指定された未認識の確定契約又は将来キャッシュ・フローの変動を純損益に認識するまで継続し，その時点でデリバティブの公正価値の変動も純損益に含めています。なお，ヘッジ対象に指定された予定取引により，非金融資産もしくは非金融負債が認識される場合，その他の包括利益として認識したデリバティブの公正価値の変動は，当該資産又は負債が認識された時点で，当該資産又は負債の取得原価その他の帳簿価額に直接含めています。

　当社は，IFRS第9号「金融商品」に定められるデリバティブを利用する目的，

その戦略を含むリスク管理方針を文書化しており，それに加えて，そのデリバティブがヘッジ対象の公正価値又は将来キャッシュ・フローの変動の影響を相殺しているかどうかについて，ヘッジの開始時及び開始後も引き続き，一定期間毎に評価を行っています。ヘッジの効果が有効でなくなった場合は，ヘッジ会計を中止しています。

④ 金融資産と金融負債の相殺

金融資産と金融負債は，認識された金額を相殺する強制可能な法的権利が現時点で存在し，かつ，純額ベースで決済するかもしくは資産を実現すると同時に負債を決済する意図が存在する場合にのみ相殺し，連結財政状態計算書において純額で報告しています。

(5) 非支配持分株主に対するプット・オプション

当社及び当社の子会社において，非支配持分株主に付与している子会社持分の売建プット・オプションは，その行使価格の現在価値を金融負債として認識するとともに，非支配持分の認識を中止し，その差額を資本剰余金として認識しています。

(6) 棚卸資産

棚卸資産は取得原価と正味実現可能価額のいずれか低い方の金額で評価しており，原価は，製品・半製品・仕掛品については個別法又は移動平均法により，材料については概ね移動平均法によっています。正味実現可能価額とは，通常の営業過程における見積売価から，完成までの見積原価及び販売に要する見積費用を控除したものをいいます。

(7) 有形固定資産

有形固定資産の測定においては原価モデルを採用し，取得原価から減価償却累計額及び減損損失累計額を控除した価額で表示しています。取得原価には，資産の取得に直接関連する費用，将来の解体，除去及び原状回復費用を含めています。各資産はそれぞれの見積耐用年数にわたって，主として定額法で減価償却を行っ

ています。主要な資産項目ごとの見積耐用年数は，下記のとおりです。

建物及び構築物	2年から60年
機械装置及び運搬具	2年から17年
工具，器具及び備品	2年から20年
使用権資産	2年から40年

　なお，見積耐用年数及び減価償却方法等は，各会計年度末に見直しを行い，変更があった場合は，会計上の見積りの変更として扱い，将来に向かって変更しています。

(8)　のれん及びその他の無形資産

　耐用年数を確定できるその他の無形資産の測定においては原価モデルを採用し，取得原価から償却累計額及び減損損失累計額を控除した金額で表示しています。各資産はそれぞれの見積耐用年数にわたって，主として定額法で償却を行っています。主要な資産項目ごとの見積耐用年数は，下記のとおりです。

自社利用ソフトウェア	2年から10年
市場販売ソフトウェア	2年から10年
その他	2年から20年

　のれん及び耐用年数を確定できないその他の無形資産は，取得原価から減損損失累計額を控除した金額で表示しています。

(9)　リース

①　借手側

　当社及び一部の子会社は，建物，機械装置及び車両等を中心とした設備を賃借しており，原資産を使用する権利である使用権資産と，リース料を支払う義務であるリース負債を認識し，リースに関する費用を使用権資産の減価償却費及びリース負債に係る支払利息として認識しています。リース期間が12か月以内である短期リースのリース料は，リース期間にわたって定額法により純損益として認識しています。

使用権資産

使用権資産の測定においては原価モデルを採用し，リース開始日における取得原価から減価償却累計額及び減損損失累計額を控除した価額で有形固定資産及びその他の無形資産に含めて表示しています。取得原価には，リース負債の当初測定の金額，借手に発生した当初直接コスト等を含めています。各使用権資産は，リース開始日から使用権資産の耐用年数の終了時またはリース期間の終了時のいずれか早い方までにわたって，定額法で減価償却を行っています。なお，耐用年数またはリース期間に変更があった場合は，会計上の見積りの変更として扱い，将来に向かって変更しています。

リース負債

リース負債は，リース開始日現在で支払われていないリース料をリースの計算利子率または借手の追加借入利子率を用いて割り引いた現在価値で測定しており，償還期長期債務及び長期債務に含めて表示しています。リース期間中の各期間におけるリース負債に係る金利費用は，リース負債の残高に対する毎期一定の率をリース期間にわたり純損益として認識し，連結損益計算書の支払利息に含めて表示しています。

② **貸手側**

当社及び一部の子会社は，建物，機械装置等を中心とした設備を賃貸しており，有形固定資産のリースで，所有に伴うリスクと経済価値のほとんどすべてを借手に移転する場合のリースは，ファイナンス・リースに分類され，原資産の認識の中止を行い，リース料総額の現在価値で正味リース投資未回収額を認識及び測定しています。

所有に伴うリスクと経済価値のほとんどすべてが貸手に帰属する場合のリースは，オペレーティング・リースに分類され，原資産の認識を継続し，リース収益をリース期間にわたり定額法で認識しています。

（10）　非金融資産の減損

各資産について減損の兆候の有無の判定を行い，その帳簿価額が回収不可能であるような兆候がある場合，減損テストを実施しています。各資産が，他の資産

からのキャッシュ・フローからおおむね独立したキャッシュ・フローを生み出さない場合，資金生成単位又は資金生成単位グループについて減損の兆候の有無を判定しています。耐用年数を確定できない無形資産及びのれんについては，減損の兆候の有無にかかわらず，毎年，主に第4四半期において，その資産の属する資金生成単位又は資金生成単位グループごとに回収可能価額を見積り，減損テストを実施しています。

　各資産及び資金生成単位又は資金生成単位グループごとの回収可能価額は，処分費用控除後の公正価値と使用価値のいずれか高い方で算定しています。当社及び子会社は，公正価値を算定するために用いる評価技法として，主に当該資産等の使用及び最終処分価値から期待される見積将来キャッシュ・フローに基づくインカム・アプローチ（現在価値法）又は類似する公開企業との比較や当該資産等の時価総額等，市場参加者間の秩序ある取引において成立し得る価格を合理的に見積り算定するマーケット・アプローチを用いています。当社及び子会社は，公正価値算定上の複雑さに応じ，外部専門家を適宜利用しています。使用価値は，経営者により承認された事業計画を基礎とした将来キャッシュ・フローの見積額を，加重平均資本コストをもとに算定した割引率で現在価値に割引いて算定しています。事業計画は外部情報に基づき，過去の経験を反映したものであり，原則として5年を限度としています。当社及び子会社においては，多種多様な製品の開発，生産，販売からサービスの提供等，幅広い事業活動を展開しており，各事業活動に適した外部情報を用いています。事業計画の予測の期間を超えた後のキャッシュ・フロー見積額は，当該資産等が属する市場の長期平均成長率の範囲内で見積った成長率をもとに算定しています。なお，事業計画は，部材価格の高騰，半導体不足の影響などによる一部の事業における損益悪化を一定程度織り込んでいますが，今後の情勢変化に伴う，マーケットに係るリスク，経営環境に係るリスク等により，実際の結果が大きく異なることがあります。また，使用価値の算定に使用する割引率は，株式市場の動向や金利の変動等により影響を受けます。

　各資産及び資金生成単位又は資金生成単位グループの帳簿価額が回収可能価額を超える場合には，その超過額を減損損失として認識しています。

　のれん以外の各資産又は資金生成単位もしくは資金生成単位グループに関して

は，過年度に認識された減損損失について，その回収可能価額の算定に使用した前提事項に重要な変更が生じ，損失の減少又は消滅の可能性を示す兆候が認められる場合に，当該資産等を対象に回収可能価額の見積りを行っています。算定した回収可能価額が当該資産等の帳簿価額を超える場合には，過年度に減損損失が認識されていなかった場合の減価償却控除後の帳簿価額を上限として，減損損失を戻し入れています。

（11） 退職後給付 ·····

当社及び一部の子会社は，従業員の退職給付を行うため，確定給付型年金制度，退職一時金制度及び確定拠出型年金制度を採用しています。

① 確定給付制度

確定給付制度には，確定給付型年金制度，退職一時金制度が含まれます。確定給付型年金制度を採用している会社は，確定給付制度債務の現在価値及び退職給付費用を予測単位積増方式により算定しています。確定給付制度債務の現在価値及び制度資産の公正価値は，報告期間末に再測定し，数理計算上の差異及び制度資産の利息収益を除く公正価値の変動額はその他の包括利益で全額認識し，その後純損益に組み替えていません。また，制度改訂時に生じる過去勤務費用は発生時に全額純損益として認識しています。連結財政状態計算書上，確定給付制度債務の現在価値から制度資産の公正価値を控除した純額を確定給付負債又は資産として非流動負債又は資産に表示しています。

数理計算によって算出される多額の退職給付費用の評価には，死亡率，脱退率，退職率，給与の変更及び割引率等の様々な数理計算上の仮定が含まれています。当社及び子会社は，人員の状況，市況及び将来の金利の動向等の多くの要素を考慮に入れて，数理計算上の仮定を見積もっています。数理計算上の仮定は，最善の見積りと判断により決定していますが，将来の不確実な経済条件の変動の結果や関連法令の改正・交付によって影響を受ける可能性があります。

② 確定拠出制度

確定拠出型年金制度は，雇用主が一定額の掛金を他の独立した企業に拠出し，その拠出額以上の支払いについて法的または推定的債務を負わない退職後給付

制度です。確定拠出型年金制度の拠出額は，従業員がサービスを提供した期間に，純損益として認識しています。

（12）　引当金 ⋯⋯⋯⋯⋯⋯⋯⋯⋯⋯⋯⋯⋯⋯⋯⋯⋯⋯⋯⋯⋯⋯⋯⋯

当社は，過去の事象の結果として現在の債務（法的債務又は推定的債務）が生じており，当該債務を決済するための経済的資源の流出が生じる可能性が高く，かつ，当該債務の金額の合理的な見積りが可能である場合に引当金を認識しています。引当金は，予想しえない事象の発生や状況の変化によって影響を受ける可能性があり，実際の支払額が見積りと異なる可能性があります。

なお，債務の決済までの期間が長期となると想定され，貨幣の時間価値が重要な場合には，決済時に予測される支出額の現在価値により引当金を測定しています。

（13）　偶発事象 ⋯⋯⋯⋯⋯⋯⋯⋯⋯⋯⋯⋯⋯⋯⋯⋯⋯⋯⋯⋯⋯⋯⋯⋯

当社は国際会計基準（以下，IAS）第37号「引当金，偶発負債及び偶発資産」に従い，（12）引当金に記載している引当金の認識基準を満たさない債務については，当該債務の履行による経済的資源の流出の可能性がほとんどないと判断している場合を除き，偶発債務として注記をしています。なお，当社及び子会社が締結した金融保証契約は，特定の債務者が負債性金融商品の条件に従った期日の到来時に支払を行わないことにより保証契約保有者に発生する損失を，当社又は子会社がその保有者に対し補償する契約です。

（14）　収益認識 ⋯⋯⋯⋯⋯⋯⋯⋯⋯⋯⋯⋯⋯⋯⋯⋯⋯⋯⋯⋯⋯⋯⋯⋯

当社は，以下の5ステップアプローチに基づき，収益を認識しています。

ステップ1：顧客との契約を識別する。

ステップ2：契約における履行義務を識別する。

ステップ3：取引価格を算定する。

ステップ4：取引価格を契約における別個の履行義務へ配分する。

ステップ5：履行義務を充足した時点で（又は充足するにつれて）収益を認識する。

当社は顧客の要望に合わせて多様な取引を行っており，製品，サービス等の複数

の要素を組み合わせて顧客に提供する取引が含まれています。製品及びサービス等を提供するにあたり，複数の契約を締結している場合，各契約における対価の相互依存性や各契約の締結時期等を評価し，関連する契約を結合したうえで，取引価格を独立販売価格の比率でそれぞれの履行義務に配分し，収益を認識しています。

独立販売価格は，市場の状況，競合する製品等の市場売価，製品原価や顧客の状況等の様々な要因を考慮して見積もられています。

取引価格の算定においては，顧客への約束した財又はサービスの移転と交換に企業が権利を得ると見込んでいる対価の金額で測定しています。値引き・リベート等の変動対価は，その発生の不確実性がその後に解消される際に，認識した収益の累計額の重大な戻入れが生じない可能性が非常に高い範囲でのみ取引価格に含めています。なお，約束した対価の金額に重大な金融要素は含まれていません。

一定の期間に亘り製品及びサービス等の支配の移転が行われる取引については，顧客に提供する当該製品及びサービス等の性質を考慮し，履行義務の充足に向けての進捗度を発生原価又はサービス提供期間に基づき測定し収益を認識しています。なお，当該進捗度を合理的に測定することができない場合は，発生したコストの範囲で収益を認識しています。

顧客との契約獲得のための増分コスト及び契約に直接関連する履行コストのうち，回収可能であると見込まれる部分について資産として認識しており，当該資産が関連する製品及びサービスの収益の認識方法に従って償却を行っています。また，当該償却の期間が1年以内である場合に，契約獲得のための増分コストを資産計上せず発生時に費用として認識しています。

長期請負契約等に基づく収益認識において，見積原価総額，見積収益総額，契約に係るリスクやその他の要因について重要な仮定を行う必要があります。これらの見積りは将来の不確実な経済条件の変動の影響を受けるほか，当社のコントロールの及ばない様々な理由によって変動する場合があります。当社は，これらの見積りを継続的に見直し，会計処理に反映しています。

（15）　法人所得税費用 ···

一時差異等に起因する繰延税金資産及び負債の認識を資産負債法により行って

います。のれんから生じる一時差異，企業結合以外の取引における会計上又は税務上のいずれの損益にも影響を及ぼさない取引によって発生する資産又は負債の当初認識による差異及び子会社又は持分法適用会社に対する投資にかかる将来加算一時差異のうち，解消時期をコントロールでき，かつ予測可能な期間内に一時差異が解消しない可能性が高い場合においては，繰延税金負債を認識していません。繰延税金資産は，未使用の税務上の繰越欠損金，税額控除及び将来減算一時差異のうち，将来課税所得に対して利用できる可能性が高いものに限り認識しています。将来課税所得には，部材価格の高騰，半導体不足の影響などによる一部の事業における損益悪化を一定程度織り込んでいます。課税所得が生じる時期及び金額は，将来の不確実な経済条件の変動によって影響を受け，実際に課税所得が生じる時期及び金額は見積りと異なる可能性があります。なお，その他の包括利益に認識される項目に関する当期税金及び繰延税金は，その他の包括利益として認識しています。

　繰延税金資産及び負債は，それらの一時差異等が解消されると見込まれる連結会計年度の課税所得に対して適用される税率を使用して測定しています。税率変更による繰延税金資産及び負債への影響は，その税率変更に関する法律の制定日を含む連結会計年度の純損益及びその他の包括利益として認識しています。

　また，当社は，連結財務諸表の承認日までに改訂が行われたIAS第12号「法人所得税」に基づき，経済協力開発機構が公表した第2の柱モデルルールを導入するために制定又は実質的に制定された税法から生じる法人所得税に係る繰延税金資産及び繰延税金負債に関して，認識及び情報開示に対する例外を適用しています。

（16）　1株当たり利益 ···

　基本1株当たり親会社株主に帰属する当期利益は平均発行済株式数に基づいて計算し，希薄化後1株当たり親会社株主に帰属する当期利益は平均発行済株式数と希薄化効果のある証券の転換又は発行可能株式数の合計に基づいて計算しています。

（17）　企業結合 ···

　企業結合の会計処理は取得法を用いています。当社は，企業結合ごとに，公正価値又は被取得企業の識別可能純資産の公正価値に対する持分割合相当額のいずれかにより，被取得企業に対する非支配持分を測定するかを選択しています。また，発生した取得関連費用は，発生時に費用処理しています。

（18）　未適用の新会計基準 ···

　連結財務諸表の承認日までに新設又は改訂が行われた主な公表済基準書及び解釈指針のうち，当社の財政状態及び経営成績に重要な影響を及ぼすものはありません。

2 財務諸表等

(1) 【財務諸表】 ···

① 【貸借対照表】

	第153期 (2022年3月31日)	第154期 (2023年3月31日)
資産の部		
流動資産		
現金及び預金	62,225	32,916
売上債権及び契約資産	※1 639,422	※1 591,333
短期貸付金	※1,※3 114,002	※1,※3 75,124
商品及び製品	30,305	30,448
仕掛品	64,279	62,805
原材料及び貯蔵品	27,520	32,344
前渡金	31,752	26,266
その他	※1 181,494	※1 177,759
貸倒引当金	△11,634	△8,807
流動資産合計	1,139,368	1,020,191
固定資産		
有形固定資産		
建物	105,265	95,950
構築物	6,018	5,358
機械及び装置	7,522	6,744
車両運搬具	127	123
工具、器具及び備品	41,966	41,546
土地	23,815	23,430
リース資産	14,339	14,982
建設仮勘定	3,138	4,467
有形固定資産合計	202,192	192,605
無形固定資産		
特許権	49	41
ソフトウエア	90,855	91,579
施設利用権	68	207
リース資産	75	54
その他	5,729	5,055
無形固定資産合計	96,778	96,938
投資その他の資産		
投資有価証券	※2 284,485	※2 244,722
関係会社株式	※2 3,610,468	※2 3,849,069
その他の関係会社有価証券	9,058	18,592
関係会社出資金	33,267	33,126
長期貸付金	※1,※2,※3 347,176	※1,※2,※3 362,011
繰延税金資産	40,637	58,624
その他	※1 52,414	※1 64,753
貸倒引当金	△228	△137
投資その他の資産合計	4,377,279	4,630,763
固定資産合計	4,676,251	4,920,307
資産合計	5,815,620	5,940,498

	第153期 (2022年3月31日)	第154期 (2023年3月31日)
負債の部		
流動負債		
電子記録債務	※1 10,292	※1 10,613
買掛金	※1 276,483	※1 262,665
短期借入金	※1,※3 682,328	※1,※3 143,730
1年内償還予定の社債	90,000	30,000
リース債務	※1 3,723	※1 4,261
未払金	※1 20,106	※1 22,393
未払費用	※1 173,829	※1 181,803
契約負債	112,025	104,486
預り金	※1 688,256	※1 674,680
製品保証引当金	460	69
工事損失引当金	43,708	37,272
その他	4,963	2,507
流動負債合計	2,106,178	1,474,485
固定負債		
社債	160,000	130,000
長期借入金	※3 666,732	※3 750,378
リース債務	※1 13,192	※1 12,718
退職給付引当金	74,003	75,212
関係会社事業損失引当金	131,785	139,422
資産除去債務	12,118	10,889
その他	※1 7,875	※1 10,754
固定負債合計	1,065,707	1,129,374
負債合計	3,171,886	2,603,860
純資産の部		
株主資本		
資本金	461,731	462,817
資本剰余金		
資本準備金	179,697	180,783
その他資本剰余金	272,775	73,349
資本剰余金合計	452,473	254,133
利益剰余金		
その他利益剰余金		
固定資産圧縮積立金	1,026	927
繰越利益剰余金	1,642,808	2,501,705
利益剰余金合計	1,643,835	2,502,632
自己株式	△3,002	△3,539
株主資本合計	2,555,037	3,216,044
評価・換算差額等		
その他有価証券評価差額金	76,502	103,379
繰延ヘッジ損益	10,725	15,980
評価・換算差額等合計	87,227	119,359
新株予約権	1,468	1,233
純資産合計	2,643,733	3,336,637
負債純資産合計	5,815,620	5,940,498

② 【損益計算書】

（単位：百万円）

	第153期 （自 2021年4月1日 至 2022年3月31日）	第154期 （自 2022年4月1日 至 2023年3月31日）
売上収益	※1 1,623,424	※1 1,631,338
売上原価	※1 1,155,026	※1 1,173,314
売上総利益	468,398	458,023
販売費及び一般管理費	※2 354,447	※2 369,999
営業利益	113,950	88,023
営業外収益		
受取利息及び受取配当金	※1 275,339	※1 292,812
その他	※1 9,746	※1 20,008
営業外収益合計	285,085	312,820
営業外費用		
支払利息	※1 6,034	※1 14,185
その他	※1 27,952	※1 31,939
営業外費用合計	33,987	46,125
経常利益	365,049	354,719
特別利益		
関係会社株式売却益	－	※1 687,447
投資有価証券売却益	17,138	12,640
不動産売却益	7,604	※1 1,363
有価証券評価益	※3 121,833	－
関係会社出資金売却益	10	
特別利益合計	146,586	701,451
特別損失		
減損損失	4,552	12,091
関係会社株式評価損	12,554	9,556
関係会社出資金評価損	－	1,908
投資有価証券評価損	2,282	134
特別損失合計	19,390	23,690
税引前当期純利益	492,246	1,032,480
法人税、住民税及び事業税	△50,629	76,455
法人税等調整額	26,760	△31,922
法人税等合計	△23,869	44,533
当期純利益	516,115	987,946

③ 【株主資本等変動計算書】

第153期（自　2021年4月1日　至　2022年3月31日）

（単位：百万円）

	株主資本								
		資本剰余金			利益剰余金			自己株式	株主資本合計
	資本金	資本準備金	その他資本剰余金	資本剰余金合計	その他利益剰余金		利益剰余金合計		
					固定資産圧縮積立金	繰越利益剰余金			
当期首残高	460,790	178,756	272,823	451,579	1,133	1,237,855	1,238,988	△3,492	2,147,865
会計方針の変更による累積的影響額						△58	△58		△58
会計方針の変更を反映した当期首残高	460,790	178,756	272,823	451,579	1,133	1,237,797	1,238,930	△3,492	2,147,807
当期変動額									
新株の発行	941	941		941					1,882
固定資産圧縮積立金の取崩					△106	106	−		−
剰余金の配当						△111,210	△111,210		△111,210
当期純利益						516,115	516,115		516,115
自己株式の取得								△252	△252
自己株式の処分			△47	△47				742	694
株主資本以外の項目の当期変動額（純額）									
当期変動額合計	941	941	△47	893	△106	405,011	404,904	490	407,229
当期末残高	461,731	179,697	272,775	452,473	1,026	1,642,808	1,643,835	△3,002	2,555,037

| | 評価・換算差額等 | | | | 新株予約権 | 純資産合計 |
	その他有価証券評価差額金	繰延ヘッジ損益	土地再評価差額金	評価・換算差額等合計		
当期首残高	90,885	2,843	2	93,732	2,144	2,243,742
会計方針の変更による累積的影響額						△58
会計方針の変更を反映した当期首残高	90,885	2,843	2	93,732	2,144	2,243,684
当期変動額						
新株の発行						1,882
固定資産圧縮積立金の取崩						−
剰余金の配当						△111,210
当期純利益						516,115
自己株式の取得						△252
自己株式の処分						694
株主資本以外の項目の当期変動額（純額）	△14,383	7,881	△2	△6,504	△675	△7,180
当期変動額合計	△14,383	7,881	△2	△6,504	△675	400,049
当期末残高	76,502	10,725	−	87,227	1,468	2,643,733

第154期（自　2022年4月1日　至　2023年3月31日）

（単位：百万円）

	株主資本								
		資本剰余金			利益剰余金				
					その他利益剰余金				
	資本金	資本準備金	その他資本剰余金	資本剰余金合計	固定資産圧縮積立金	繰越利益剰余金	利益剰余金合計	自己株式	株主資本合計
当期首残高	461,731	179,697	272,775	452,473	1,026	1,642,808	1,643,835	△3,002	2,555,037
当期変動額									
新株の発行	1,086	1,086		1,086					2,172
固定資産圧縮積立金の取崩					△98	98	−		−
剰余金の配当						△129,148	△129,148		△129,148
当期純利益						987,946	987,946		987,946
自己株式の取得								△200,212	△200,212
自己株式の処分			△8	△8				258	249
自己株式の消却			△199,417	△199,417				199,417	−
株主資本以外の項目の当期変動額（純額）									
当期変動額合計	1,086	1,086	△199,426	△198,339	△98	858,896	858,797	△537	661,007
当期末残高	462,817	180,783	73,349	254,133	927	2,501,705	2,502,632	△3,539	3,216,044

| | 評価・換算差額等 | | | 新株予約権 | 純資産合計 |
	その他有価証券評価差額金	繰延ヘッジ損益	評価・換算差額等合計		
当期首残高	76,502	10,725	87,227	1,468	2,643,733
当期変動額					
新株の発行					2,172
固定資産圧縮積立金の取崩					−
剰余金の配当					△129,148
当期純利益					987,946
自己株式の取得					△200,212
自己株式の処分					249
自己株式の消却					−
株主資本以外の項目の当期変動額（純額）	26,876	5,255	32,132	△235	31,896
当期変動額合計	26,876	5,255	32,132	△235	692,903
当期末残高	103,379	15,980	119,359	1,233	3,336,637

【注記事項】

（重要な会計方針）

1. 有価証券の評価方法及び評価基準 ·······························

子会社株式及び関連会社株式

……移動平均法による原価法

その他有価証券

市場価格のない株式等以外のもの

……時価法（評価差額は全部純資産直入法により処理，売却原価は移動平均法により算定）

市場価格のない株式等

……移動平均法による原価法

2. デリバティブの評価方法及び評価基準 ·······························

……時価法

3. 棚卸資産の評価方法及び評価基準 ·······························

下記の評価方法に基づく原価法（貸借対照表価額は，収益性の低下に基づく簿価切下げの方法により算定）によっています。

	個別生産品	見込生産品
商品及び製品	個別法	移動平均法
仕掛品	個別法	個別法または移動平均法
原材料及び貯蔵品	移動平均法	移動平均法

4. 有形固定資産の減価償却の方法（リース資産を除く）·······························

減価償却の方法は，定額法を適用しています。

なお，主な耐用年数は次のとおりです。

建物	3～50年
構築物	7～60年
機械及び装置	4～17年
車両運搬具	4～11年
工具，器具及び備品	2～15年

5. 無形固定資産の減価償却の方法（リース資産を除く）

減価償却の方法は，市場販売目的ソフトウエアについては見込販売収益に基づく償却方法，自社利用ソフトウエア及びその他の無形固定資産については見込利用可能期間に基づく定額法により償却しています。なお，市場販売目的ソフトウエアの見込有効期間は主として2.9年であり，自社利用ソフトウエアの見込利用可能期間は主として3～10年です。

6. リース資産の減価償却の方法

減価償却の方法は，所有権移転外ファイナンス・リース取引に係るリース資産について，リース期間を耐用年数とし，残存価額を零とする定額法を適用しています。

なお，所有権移転外ファイナンス・リース取引のうち，2008年3月31日以前に開始したリース取引については，通常の賃貸借取引に準じた会計処理によっています。

7. 引当金の計上基準

貸倒引当金

……一般債権については貸倒実績率により，貸倒懸念債権等特定の債権については個別に回収可能性を検討し，回収不能見込額を計上しています。

製品保証引当金

……製品のアフターサービスの費用支出に備えるため，保証期間内のサービス費用見込額を，過去の実績を基礎として計上しています。

工事損失引当金

……工事契約及び受注制作のソフトウエアに係る損失に備えるため，翌事業年度以降の損失見込額を計上しています。

退職給付引当金

……従業員の退職給付に備えるため，当事業年度末における退職給付債務及び年金資産の見込額に基づき，当事業年度末において発生していると認められる額を計上しています。

退職給付債務の算定にあたり，退職給付見込額を当事業年度末までの

期間に帰属させる方法については，給付算定式基準によっています。
過去勤務費用は，その発生時の従業員の平均残存勤務期間により定額
償却しています。

数理計算上の差異は，主にその発生時の従業員の平均残存勤務期間に
より，翌事業年度から定額償却しています。

関係会社事業損失引当金

……関係会社の事業に係る損失に備えるため，関係会社に対する出資金額及
び貸付金額に係る損失負担見込額を超えて当社が負担することが見込ま
れる額を計上しています。

8. 収益及び費用の計上基準 ···

当社は，以下の5ステップアプローチに基づき，収益を認識しています。

ステップ1：顧客との契約を識別する。

ステップ2：契約における履行義務を識別する。

ステップ3：取引価格を算定する。

ステップ4：取引価格を契約における別個の履行義務へ配分する。

ステップ5：履行義務を充足した時点で（又は充足するにつれて）収益を認
識する。

当社は，主にシステムインテグレーション，クラウドサービス，制御システム，
ソフトウエア，ITプロダクツ，産業・流通システム，エネルギーソリューション
及び鉄道システム等の販売を行っています。長期請負契約及びサービス等の提供
は，一定の期間に亘り支配の移転が行われると考えられるため，一定期間に亘っ
て収益を認識しています。その他の製品等の販売については，顧客に引き渡され
た時点で支配が移転すると考えられるため，顧客に引き渡された時点で収益を認
識しています。

また，顧客の要望に合わせて多様な取引を行っており，製品，サービス等の複数
の要素を組み合わせて顧客に提供する取引が含まれています。製品及びサービス等
を提供するにあたり，複数の契約を締結している場合，各契約における対価の相互
依存性や各契約の締結時期等を評価し，関連する契約を結合したうえで，取引価

格を独立販売価格の比率でそれぞれの履行義務に配分し，収益を認識しています。

　独立販売価格は，市場の状況，競合する製品等の市場売価，製品原価や顧客の状況等の様々な要因を考慮して見積もられています。

　取引価格の算定においては，顧客への約束した財又はサービスの移転と交換に企業が権利を得ると見込んでいる対価の金額で測定しています。値引き等の変動対価は，その発生の不確実性がその後に解消される際に，認識した収益の累計額の重大な戻入れが生じない可能性が非常に高い範囲でのみ取引価格に含めています。なお，約束した対価の金額に重大な金融要素は含まれていません。

　一定の期間に亘り製品及びサービス等の支配の移転が行われる取引については，顧客に提供する当該製品及びサービス等の性質を考慮し，履行義務の充足に向けての進捗度を発生原価又はサービス提供期間に基づき測定し収益を認識しています。なお，当該進捗度を合理的に測定することができない場合は，発生したコストの範囲で収益を認識しています。

　長期請負契約等に基づく収益認識において，見積原価総額，見積収益総額，契約に係るリスクやその他の要因について重要な仮定を行う必要があります。これらの見積りは将来の不確実な経済条件の変動の影響を受けるほか，当社のコントロールの及ばない様々な理由によって変動する場合があります。当社は，これらの見積りを継続的に見直し，会計処理に反映しています。

9. 退職給付に係る会計処理 ···

　退職給付に係る未認識数理計算上の差異及び未認識過去勤務費用の未処理額の会計処理の方法は，連結財務諸表におけるこれらの会計処理の方法と異なっています。

10. ヘッジ会計の方法 ···

　繰延ヘッジ会計を適用しています。

（重要な会計上の見積り）

1. 関係会社株式及び関係会社出資金の評価
(1) 当事業年度の財務諸表に計上した金額

市場価格のない関係会社株式及び関係会社出資金の事業年度末残高

前事業年度　　3,526,475百万円

当事業年度　　3,851,309百万円

（2）財務諸表利用者の理解に資するその他の情報

市場価格のない関係会社株式は，株式の実質価額と取得価額を比較し，株式の実質価額が著しく下落している場合，当該会社の事業計画に基づく業績を踏まえ回復可能性を評価しています。一部の関係会社株式は，実質価額に当該会社の買収時の企業価値測定において算出された超過収益力等を踏まえて評価しています。超過収益力等の毀損の有無は，将来の事業計画の達成可能性に影響を受けます。

事業計画は，売上収益成長率，売上総利益率等に基づいて見積っています。また，部材価格の高騰，半導体不足の影響などによる一部の事業における損益悪化を一定程度織り込んでいますが，今後の情勢変化に伴う，マーケットに係るリスク，経営環境に係るリスク等により，実際の結果が大きく異なることがあります。

事業計画の主要な仮定に重要な変動があった場合には，実質価額が取得価額を下回る可能性があります。

なお，注記事項「有価証券関係」に記載している Hitachi America,Ltd. 株式及び Hitachi Energy Ltd 株式は，当該会社の純資産額に超過収益力等を反映して評価しています。

2.　固定資産の減損

（1）当事業年度の財務諸表に計上した金額

有形固定資産の当事業年度末残高

前事業年度　　202,192百万円

当事業年度　　192,605百万円

無形固定資産の当事業年度末残高（市場販売目的のソフトウエア除く）

前事業年度　　71,698百万円

当事業年度　　78,036百万円

（2）財務諸表利用者の理解に資するその他の情報

　　連結財務諸表注記「注3.　主要な会計方針の概要（10）非金融資産の減損」
　　に同一の内容を記載しているため，注記を省略しています。

3.　関係会社事業損失引当金
（1）当事業年度の財務諸表に計上した金額
　　　関係会社事業損失引当金の事業年度末残高
　　　　前事業年度　　　131,785百万円
　　　　当事業年度　　　139,422百万円
（2）財務諸表利用者の理解に資するその他の情報
　　注記事項「（重要な会計方針）7.　引当金の計上基準」に同一の内容を記載し
　　ているため，注記を省略しています。

4.　退職給付引当金
（1）当事業年度の財務諸表に計上した金額
　　　退職給付引当金の事業年度末残高
　　　　前事業年度　　　74,003百万円
　　　　当事業年度　　　75,212百万円
（2）財務諸表利用者の理解に資するその他の情報
　　注記事項「（重要な会計方針）7.　引当金の計上基準」及び連結財務諸表注記
　　「注3.　主要な会計方針の概要（11）退職後給付」に同一の内容を記載している
　　ため，注記を省略しています。

5.　工事損失引当金
（1）当事業年度の財務諸表に計上した金額
　　　工事損失引当金の事業年度末残高
　　　　前事業年度　　　43,708百万円
　　　　当事業年度　　　37,272百万円
（2）財務諸表利用者の理解に資するその他の情報

注記事項「（重要な会計方針）7．引当金の計上基準」及び連結財務諸表注記
「注20．売上収益（2）履行義務の充足に関する情報」に同一の内容を記載して
いるため，注記を省略しています。

6．繰延税金資産の回収可能性
（1）当事業年度の財務諸表に計上した金額
　　　繰延税金資産の事業年度末残高
　　　　　前事業年度　　　40,637百万円
　　　　　当事業年度　　　58,624百万円
（2）財務諸表利用者の理解に資するその他の情報
　　　連結財務諸表注記「注3．主要な会計方針の概要（15）法人所得税費用」に
　　同一の内容を記載しているため，注記を省略しています。

第2章

電気機器業界の "今" を知ろう

企業の募集情報は手に入れた。しかし，それだけでは
まだ不十分。企業単位ではなく，業界全体を俯瞰する
視点は，面接などでもよく問われる重要ポイントだ。
この章では直近1年間の運輸業界を象徴する重大
ニュースをまとめるとともに，今後の展望について言
及している。また，章末には運輸業界における有名企
業（一部抜粋）のリストも記載してあるので，今後の就
職活動の参考にしてほしい。

▶▶かつての「お家芸」，復権なるか

電気機器 業界の動向

「電気機器」は，電気機器の製造に関わる業態である。インフラ
やプラントを手掛ける「重電」と，家庭用の洗濯機や冷蔵庫といっ
た「家電」など，取り扱う製品によって大きく分類される。

❖ 総合電機メーカーの動向

　電機産業は，自動車とともに日本の製造業を支えてきた重要な柱である。
日立・東芝・三菱電機・ソニー・パナソニック・シャープ・NEC・富士通の，
電機大手8社の売上合計は50兆円迫る。

　かつては日本ブランドの象徴として，経済成長を支えてきた電機メーカー
だが，2000年代に入り収益が悪化，リーマンショック以降，2017年まで売
上は減少を続けてきた。低迷の理由としては，日本からの経済支援，技術
供与などで中国や韓国のメーカーが急成長を果たし，個人向け電化製品（白
モノ家電）や情報端末などで国産メーカーの価格競争力が低下したこと。ま
た，日本の大手は発電設備などの重電からテレビ，白モノ家電に至るまで
何でも手掛ける総合メーカーであるため，資本や技術が分散し，効率的な
展開ができなかったことがあげられる。2008年以降の10年間で，売上を伸
ばしたのは三菱電機のみ，純利益累計が黒字なのは，三菱，日立，富士通
のわずか3社のみという厳しい市況から，各社とも経営改善に向けて，不採
算事業の整理，優良事業の拡大など，構造転換を積極的に進めている。

●復活を目指す東芝，シャープ，パナソニック

　東芝は，2015年の不正会計発覚，2016年度の米原子力事業子会社の法的
整理に伴う大幅な赤字から，2017年には優良資産である半導体メモリ事業
を売却して精算を行い，社会インフラ事業，メモリ以外の半導体事業，
ICT（情報通信）事業の主要3部門を分社化した。今後は，各事業で経営の
自立性や機動力を高め，経営再建に向けて競争力を強化していく。また，

2016年には白モノ家電事業を中国の美的集団（マイディア）に，2017年にはテレビ事業を手がける傘下の東芝映像ソリューションを中国の海信集団（ハイセンス）に，2018年にはパソコン事業をシャープに売却をしており，事業を整理しつつ収益改善に動いている。

東芝からパソコン事業を買い取り，同市場へ再参入を果たしたシャープは，2016年に台湾の鴻海（ホンハイ）精密工業に買収され，子会社となったあと，厳格なコスト削減を実施。親会社である鴻海の強みを活かしたパソコン事業のほか，長年培ってきた技術をもとに欧州で高級テレビ事業に参入するなど，新たな取り組みを行っており，2018年3月期には4年ぶりに黒字化を果たした。好採算の空気清浄機や調理家電が強みとなっている。

2011年に業績不振に陥ったパナソニックは，コンシューマー向け主体から企業向け主体へと方向転換をしており，自動車の電子化・電動化を見据えて，車載事業への取り組みを強化している。2017年10月には電気自動車（EV）に搭載するリチウムイオン電池の生産拠点を一斉に増産し，生産規模を2倍にした。2021年度の売上高は3兆6476円と国内では圧倒的な存在感を誇る。また，戦略投資としてM&Aなどに1兆円を投じ，海外においては，2015年に自動車部品メーカーであるスペインのフィコサ・インターナショナルの株式49%を取得，2016年には米国の業務用冷凍・冷蔵ショーケースメーカー・ハスマンの全株式を取得し，米国で食品流通事業を強化した。2017年には欧州の物流ソリューション会社のゼテス・インダストリーズの株式57.01%を取得している。国内でも，2017年には住宅事業を手がけるパナホームを完全子会社化するなど，活発な買収，再編を実施している。

●資源の集中，優良事業を拡大させる日立，三菱，ソニー

日立製作所は，2008年度に出した7873億円の純損失を機に，事業の選択を行い，社会インフラ事業に集中した。その結果，2010年，2011年度と連続最高純益でV字回復を果たした。この流れは継続中で，2016年もグループ会社の日立物流，日立キャピタルなど5社を実質的に売却した一方，2017年4月には英の昇降機企業と米国の空気圧縮機企業を買収。イタリアの鉄道車両・信号機メーカーも買収し，英国の実績とあわせて欧州での鉄道車両関連事業で存在感を増しており，目標のひとつであるグローバル展開も拡大している。海外の売上比率は2017年度の48%から50%に伸び，国内と同等規模になっている。

三菱電機は，携帯電話事業などから早々に撤退し，工場の自動化（FA）

など企業向けビジネスで業績を伸ばしており，日本の電機業界の中では数少ない「勝ち組」といわれている。2025年度までにFAシステム事業の売上を9000億円以上とする目的を掲げ，国内では2021年度までの稼働を目指し，2工場の新設を検討中。2018年6月には中国に工場を新設した。あわせて，中国拠点の増強やインドでの工場新設も検討を始めており，2021年度までに400億円を投資して，国内外をあわせた生産能力を4割程度引き上げる計画を進めている。また，2018年に勃発した米中貿易摩擦に対応して，中国で行っていた加工機2種の生産を国内工場に移管するなど，国際情勢に即した機敏な対応も行っている。

業績不振にあえいでいたソニーも，2018年3月期の純利益は4907億円と，過去最高益を達成した。ゲーム・ネットワークサービス，スマートフォン向け画像センサーといったIT関連部材など優良事業を強化しつつ，不振事業からの撤退や人員削減などで収益力を回復させ，テレビ事業では「量から質」へ転換し，4Kや有機ELなどの高級路線で欧米でのシェアを拡大させている。ただし，好調だった半導体事業は，スマートフォン市場の影響を受けやすい。スマートフォン自体が成熟期に入り，機能面での差別化が難しくなっているため，価格競争に陥りやすく，今後は納入する部品価格にもその影響が出てくることが予想される。2017年11月，2006年に販売終了した家庭用犬型ロボット「アイボ」を復活させ，その発表会で平井社長は「感動や好奇心を刺激するのがソニーのミッション」と強調した。すでにロボット型の掃除機が普及している家庭向けロボット市場は，潜在的な需要の見込まれる市場であり，新しいデバイスの導入による新しい価値の提供で市場を開拓することが期待される。

❖ 白モノ・生活家電の動向

日本電気工業会の調べでは，2022年度の白モノ家電の国内出荷金額は前年度比微増の2兆5887億円となった。新型コロナウイルスで在宅時間が増加し，自宅の生活を豊かにしようという特需が落ち着き，それに加えて半導体をはじめとする部品・部材不足が直撃したことが原因と見られる。

海外市場では，アジアなどの新興国において，世帯年収2万ドル以上の中間層が拡大している。それに伴い，白モノ家電の普及が進行中で，とくにドライヤーや炊飯器などの小型家電を中心に，さらなる需要拡大が見込

まれている。

　冷蔵庫，洗濯機，エアコンなど，生活必需品として手堅い需要のある白モノ家電だが，電機各社の経営戦略の流れのなかで，大きな転換を迫られている。東芝は2016年6月，白モノ家電事業を中国の美的集団に売却した。日立と三菱電機は売上規模を追わず，高付加価値製品に注力している。そんななかでパナソニックはシェアを伸ばし，エアコンやドラム式洗濯機など9市場で販売台数1位を獲得。国内家電市場全体でシェア3割近くを占め，過去30年で最高を更新した。パナソニックでは，エアコンや給湯システム，自動販売機や厨房機器といった食品流通，レンジ・食洗機などのスモール・ビルトインを高成長領域として積極的な投資を行い，グローバルでの成長を目指すという。

●注目を集めるIoT家電とこだわり家電

　白モノ家電の新展開として注目されているのが，ネットと連動するIoT家電である。スマートフォンで操作できるエアコンやロボット掃除機などが次々と登場している。シャープから発売された電気無水鍋「ヘルシオ　ホットクック」は無線LANを搭載しており，スマホからメニュー検索や遠隔操作などが可能になっている。また，人工知能（AI）によるメニュー提案も行う。家庭内でのIoTに関しては，2017年，電機メーカーを含めた大手企業やメーカーが集まり，業界の垣根を超えて「コネクティッドホーム　アライアンス」を設立した。パナソニックをはじめ，東急やトヨタ自動車などの自動車メーカー，TOTO，LIXIL，YKKAPなどの住宅設備メーカー，中部電力や大阪ガスなどインフラ企業まで77社が名を連ねており，これまで各企業がバラバラに取り組むことでなかなか進展せず，世界から遅れをとっていた国内IoTの取り組みを推進するという。

　また，こだわりの商品を手掛ける家電ベンチャーも活気づいている。バルミューダが販売するトースターは2万円という高額ながら，30万台を売る異例の大ヒットとなった。世界No.1の清浄能力を持つ空気清浄機やスタイリッシュな加湿器を販売するcado（カドー），全自動衣類折りたたみ機「ランドロイド」を開発したセブン・ドリーマーズ・ラボラトリーズなど，大手にはない視点でものづくりに挑んでいる。

❖ デジタル家電の動向

　電子情報技術産業協会によれば，2022年の薄型テレビ国内出荷台数は486.6万台と前年度より急落した。巣篭もり特需による需要先食いが落ち着いたことに加えて，価格競争が激化したことが原因と見られる。

　2017年以降，液晶に続く次世代モデルとして，有機ELテレビに注目が集まっている。有機ELテレビは，電圧をかけると有機材料自体が光る仕組みで，液晶よりも多彩な色彩を鮮やかに再現できる。また画面が5mm程度と薄く，重量も8kg程度で軽いうえに，消費電力も液晶テレビの1割程度で経済的である。国内では，2017年に東芝，パナソニック，ソニーが対応製品の販売を開始しており，当初は40万以上の高価格帯ばかりだったが，2018年に入り20万円台の商品も販売されるなど，低下傾向にある。海外では，ソニーが欧州の有機ELテレビ市場において，65インチは60％，55インチは70％と圧倒的なシェアを獲得している。世界全体のプレミアム製品市場でも44％のシェアとなっており，高級路線への切り替えに成功している。

　オーディオ分野では，高解像度で音の情報量がCDの約6.5倍あるというハイレゾリューション（ハイレゾ）音源が人気を集めている。ハイレゾは，レコーディングスタジオやコンサートホールで録音されたクオリティーがほぼ忠実に再現できるといわれており，ヘッドホンや携帯音楽プレーヤーなど，ハイレゾ対応機器の市場に期待が集まっている。

●4K・8K放送の抱える問題

　すでにCSの一部やケーブルテレビ，ネット動画サービスなどで4Kコンテンツは配信されているが，2018年12月にサービスが開始された新4K・8K衛星放送は4Kテレビへの移行を喚起する目玉のコンテンツといえる。ただ，放送開始前に販売されていた4K対応テレビの多くには，放送を受信するためのチューナーが内蔵されておらず，視聴にはチューナーを別途購入する必要がある。また，アンテナや配線の交換が必要となるケースもあるため，どこまで視聴者を増やせるか，疑問視する声もある。加えて，新4K・8K衛星放送を受信・視聴するには，放送の暗号化情報を解除するため，現行のB-CASカードに変わる「新CAS（ACAS）」チップが必要となる。このチップも，これまでに販売された4Kテレビには付与されていないため，視聴の際には別途，メーカーなどから提供を受けなければならなくなる。新4K・

8K衛星放送に関しては，サービスの開始時期やチューナー，新CASチップなど，告知が不十分な面もあり，今後のていねいな対応が求められている。

❖ パソコン・タブレット・携帯端末の動向

　2022年度の国内パソコン（PC）出荷台数は前年比4.4％減の1123万台（IDC調べ）だった。新型コロナ影響でリモートワークが進んだことと，「GIGAスクール」などの学習環境のオンライン化が急速に進んだことの反動が要因と考えられる。

　徐々に冷え込みを見せる国内事情と同様に，世界出荷台数も前年比2割減の2億9199万台となった。

　ここ数年，PCの好調の皺寄せがきていたスマートフォンだが，2022年における世界の出荷台数は前年比減の12億550万台（米IDC調べ）となった。市場シェアでは，韓国サムスン電子が20以上％を占め首位をキープ，米アップルは18.8％で2位，中国のHuaweiは米政府の規制が影響し，世界上位5から転落した。国内では，2022年のスマートフォン出荷台数は2810万台。メーカー別では，アップルがトップ。シャープ，ソニーが続いている。

　タブレットの2022年世界出荷台数は1億6280万台（米IDC調べ）。世界シェアの約半分を占めるアップルのiPadの21年5月発売の新製品効果により堅調な成長を見せている。スペックも向上し，ノートPCとの機能差，価格差は年々小さくなってきている。

❖ 半導体の動向

　日本の半導体政策が大きな転機を迎えている。2022年8月に最先端半導体の国産化を目指す「ラピダス」が設立された。同社にはトヨタ自動車やソニーグループなど国内の主要企業8社が出資，経済産業省は2023年4月までに3300億円の助成を決めるなど全面的にバックアップしている。

　半導体市場は，技術革新が著しく，巨額の研究開発費と設備投資によって高性能な製品開発を進めるビジネスといえる。IoTが普及すれば，家電や自動車から工場まで，あらゆるモノに半導体が搭載されることから，大きな需要増が見込まれる。そのため，世界の各企業は，これから到来するIoT

時代に備えて M&A を進め，規模の拡大，製品ラインナップの拡充を目指している。

2015年，米アバゴ・テクノロジーは同業の米ブロードコムを約4.6兆円で買収した。2016年にはソフトバンクグループが約3.3兆円で英半導体設計大手のARMを買収しており，日本企業による海外企業買収では過去最大の規模となる。ソフトバンクグループは，2017年にも半導体メーカーのエヌビディアへ4000億円を投資している。また，2017年にはインテルが車載カメラや半導体メーカーのモービルアイを約1兆7000億円で買収している。なお，成功はしなかったが，2016年には米クアルコムがオランダのNXPを約5兆円で買収することを計画。2017年11月には，前述のブロードコムがクアルコムに約12兆円で買収を提案していた。

国内企業に関しては，2017年，東芝が半導体事業を売却したが，ソニーは画像センサーで世界首位を誇っている。画像センサーは，スマートフォン用カメラなどで，被写体の動きを感知して撮影できるように助けるシステムで，ソニーはアップルのiPhoneに搭載されるセンサーを納品しており，世界シェアは44％超となっている。

自動車用半導体を手掛ける国内大手ルネサスエレクトロニクスは，自動運転技術の進化を見据えて，2022年の車載半導体シェア30％を狙っており，2016年に米半導体メーカーのインターシルを約3400億円で買収した。また，2018年9月には，同じく米国のインテグレーテッド・デバイス・テクノロジー（IDT）を約7500億円で買収すると発表した。IDTはセンサーと無線技術に強く，これも自立走行車向けの展開を見据えた買収といえる。一方，半導体製造装置の日立国際電気は，日立グループを離れ米KKRの傘下に入っている。

高速通信規格「5G」の実用化を受けて，2020年移行，半導体市場は成長を続けていた。しかし，半導体メーカーの相次ぐ工場トラブルにより，世界的に半導体不足が深刻化している。

電気機器業界

直近の業界各社の関連ニュースを
ななめ読みしておこう。

白物家電出荷額、4〜9月は3%減　猛暑でもエアコン低調

日本電機工業会（JEMA）が23日発表した民生用電気機器の4〜9月の国内出荷額は前年同期比3.2%減の1兆3116億円だった。記録的な猛暑でもエアコンなどの出荷が低調だった。3月時点では2.5%増の1兆3894億円になると見込んでいたが、一転して2年ぶりの前年実績割れとなった。

円安や部材価格の上昇などで白物家電の単価は上昇傾向にある。一部の高機能機種が人気を集める一方で、多くの消費者は節約志向を強めている。JEMAは4〜9月の国内出荷額が期初の見通しを下回った理由について、「単価の上昇よりも数量が前年を下回った影響が大きかった」と説明する。

品目別では出荷額に占める割合が大きいエアコンの出荷台数が514万5000台となり、前年同期に比べ8.9%減少した。23年の夏は記録的な猛暑となったものの、過去10年の4〜9月の平均（518万9000台）をやや下回る水準だった。調査会社GfKジャパン（東京・中野）の新井沙織シニアマネージャーは「過去数年続いた高需要の反動が出た」と指摘する。

冷蔵庫の出荷台数は6.9%減の184万台だった。容量別で小・中容量帯は微増となったが、大容量帯は前年同期を下回った。メーカー関係者は「多少高価でも時短や手間の軽減に出費を惜しまない人と、そうでない人との二極化が進んでいる」と話す。

洗濯機の出荷台数は0.4%増の208万3000台だった。乾燥機能が付いているドラム式洗濯機は時短効果が高く、消費者からの人気を集めている。JEMAの統計でも洗濯乾燥機の出荷台数に占めるドラム式の構成比は初めて8割を超えた。

新型コロナウイルスの感染症法上の扱いが「5類」に移行した影響で、旅行などのレジャー消費は上向いている。外出機会の増加に伴ってドライヤーの出荷台数が4%増の228万2000台となるなど、理美容家電は好調だった。「イン

バウンド（訪日外国人）が回復し、お土産として買う需要が戻りつつある」（メーカー担当者）といった声もある。

電気代の高騰を受け、家庭での消費電力割合が一番高いエアコンでは省エネルギー性能が高い一部の高機能機種への関心が高まっている。三菱電機によると、人の脈波から感情を解析する機能を搭載した旗艦機種の販売数量は7月に前年同月比で3割増えた。

日立製作所の家電子会社、日立グローバルライフソリューションズ（GLS）は11月に発売するドラム式洗濯機から家電の「指定価格制度」を適用する。小売価格を指定する代わりに、売れ残った在庫の返品に応じる。

原材料価格の高騰や円安によって、製品単価の上昇は続く見通し。日立GLSは一定の需要がある高機能製品で利益率を確保する狙いだ。伊藤芳子常務は「適正な価格で購入してもらい、必要な商品開発サイクルの期間を確保したい」と話す。

（2023年10月23日　日本経済新聞）

Amazon、アレクサに生成AI搭載　「人間らしく会話」

米アマゾン・ドット・コムは20日、音声アシスタント「アレクサ」に生成人工知能（AI）技術を幅広く搭載すると発表した。同社のスマートスピーカーなどで利用者がより自然な会話をしたり、複雑な指示を出したりできるようになる。

東部バージニア州アーリントンの第2本社で新製品発表会を開いた。デバイス・サービス担当のデイブ・リンプ上級副社長が登壇し、アレクサは「（生成AIの技術基盤である）大規模言語モデルにより、まるで人間と話しているかのように速く応答できる」と強調した。

自社開発の大規模言語モデルをアレクサに組み込むことで、会話の文脈を踏まえた返答や、利用者の好みや関心に合わせた回答が可能になる。発表会では利用者がスポーツや料理についてアレクサに質問した後、友人に送るメッセージの作成を依頼すると、アレクサがスポーツや料理の話題を盛り込んで文章を作る実例を示した。

生成AIの搭載で会話表現が豊富になる。状況に応じてアレクサの音声のトーンを変え、利用者にとってより自然に聞こえるようにする。

生成AI機能はまず米国で2024年にかけて段階的に提供を始める。ソフトウ

エアの更新によりアレクサを高度化するため、旧型の端末でも利用できる。当初は無料とするが、将来は有料化を検討している。

22年秋以降、米オープンAIの対話型AI「Chat（チャット）GPT」をはじめとした生成AIが急速に普及した。アマゾンなどの音声アシスタントは従来、事前にプログラムされた範囲で会話や指示に応えることが多く、やりとりに柔軟に対応することが難しかった。

日本など米国以外での提供については「できるだけ早くあらゆる言語に対応したい」（デバイスの国際担当、エリック・サーニオ副社長）としている。

同日、スマートスピーカーやスマートホーム機器などハードウエアの新製品も披露した。

画面やカメラを備えるスマートスピーカーの新製品「エコーショー8」では画像認識技術を使い、利用者と端末の距離に応じて画面への表示内容を変える機能を搭載した。米国での価格は149ドル99セントからで、10月下旬に発売する。

アレクサで操作できる家電などをまとめて管理する端末として、8インチの画面を備えた「エコーハブ」を新たに売り出す。毎日決まった時間に照明と冷房を付けるなど、複数の家電にまたがる操作を一括で設定できる。日本でも販売し、価格は2万5980円。21日から注文を受け付ける。

アマゾンは23年5月、西部ワシントン州シアトルに続く第2本社をアーリントンに開いた。当初は第2本社を米東部ニューヨーク市と首都ワシントン近郊のアーリントンの2カ所に分割して設置すると表明したが、ニューヨークでは地元政治家らの反発を受けて19年に計画を撤回した経緯がある。

アーリントンの第2本社ではアマゾンの従業員約8000人が働く。新型コロナウイルスの感染拡大や働き方の変化を経て、一部の区画で着工を延期している。

（2023年9月21日　日本経済新聞）

サムスン、スマホも力不足　半導体不振で14年ぶり低収益

韓国サムスン電子が14年ぶりの低収益に苦しんでいる。27日発表の2023年4〜6月期業績は営業利益が前年同期比95％減の6700億ウォン（約730億円）だった。半導体部門の巨額赤字を他部門の収益で穴埋めして辛うじて黒字を確保したものの、これまで補完役を担ってきたスマートフォン事業の収益力低下が鮮明になっている。

26日夜、ソウル市の大型展示場には世界各地からユーチューバーやインフル

エンサーが集結していた。その数、1100人。お目当てはサムスンの最新スマホの発表だ。

これまで欧米各都市で年2回実施してきた同社最大イベントを初めて母国で開催。「BTS（防弾少年団）」など人気グループのメンバーも駆けつけ、発表会に花を添えた。

サムスンはこの場で、折り畳みスマホの最新機種を公開した。スマホ事業を統括する盧泰文（ノ・テムン）社長は「わずか数年で数千万人の折り畳みスマホ利用者の笑みがあふれた。今後数年でその市場は1億台を超えるだろう」と自信を示した。

最新機種「ギャラクシーZフォールド5」と「ギャラクシーZフリップ5」を8月に発売する。最大の特徴は、既存製品と比べて折り畳んだ時の厚さが2ミリメートル薄く、よりコンパクトにポケットに収まる点だ。Zフリップ5では背面ディスプレーの表示面積を3.8倍に広げた改良点もある。

小型の「Zフリップ5」は背面ディスプレーの面積を3.8倍に広げた

ただ、価格帯やカメラ性能、メモリー容量などは現行モデルと変わらず、消費者の購買意欲を高められるかは見通しにくい。

買い替え頻度の低下はサムスンに限った問題ではない。スマホの技術革新の余地が年々狭まり、消費者の需要を喚起できなくなっている。消費者側が現状のスマホに満足し、機能拡充を求めなくなったという面もある。

この汎用品（コモディティー）化の進展とともに安価な中国製スマホが台頭したことで、首位サムスンのシェアはじりじりと低下した。世界シェアは13年時点の31％から22年に21％まで下がった。スマホ部門の営業利益は13年の25兆ウォンから、22年に11兆6700億ウォンへと半減した。

かつてサムスンは半導体とスマホ（携帯電話）の「二本柱」で稼ぐ収益構造だった。振れ幅の大きい半導体事業が不振の時はスマホ部門が補い、安定成長を続けた。さらにディスプレーと家電・テレビ部門を持ち、巨額の半導体投資の原資を生み出してきた。

10年代に入るとディスプレーと家電・テレビが中国勢との激しい競争にさらされて収益力が低下。スマホでも中国勢の追い上げが続き、気がつけば半導体事業に依存する「一本足」の収益構造が鮮明になった。

そこに直撃したのが14年ぶりの半導体不況だ。23年4～6月期の部門業績は、半導体が4兆3600億ウォンの営業赤字だったのに対し、スマホは3兆400億ウォンの黒字。ディスプレーが8400億ウォンの黒字、家電・テレビは7400億ウォンの黒字にとどまった。全体では何とか黒字を確保したものの、

半導体以外の力不足が露呈した。

サムスンは新たな収益源を生み出そうと、汎用品化の波にあらがってきた。

今回発表した折り畳みスマホもその一つだ。半導体やディスプレーを自ら手掛ける「垂直統合型」のサムスンが自社と協力会社の技術を持ち寄って19年に新市場を切り開いた。

その後、競合他社も追従して市場自体は大きくなった。しかし技術革新の余地は早くも狭まり、サムスンにとって5代目となる23年モデルの機能拡充は小幅にとどまった。このまま機能の優位性を打ち出せなければ、収益がしぼむリスクがある。

サムスンの主要事業は中国企業との競争にさらされ、長期的に収益力が低下傾向にある。それが今回の半導体不況で改めて浮き彫りになった。6月末時点で10兆円超の現金性資産も活用し、新たな収益事業の確立を急ぐ必要性が高まっている。

（2023年7月27日　日本経済新聞）

省エネ家電購入へ自治体支援　電気代値上げ、申請殺到も

自治体が住民を対象に省エネ家電の購入支援策を相次ぎ打ち出している。富山県や横浜市では家電の省エネ性能などに応じて最大3万～4万円分を還元し、買い替えで家計の電気代負担を軽くする。6月に家庭向け電気料金の引き上げを各地で迎えるなか、申請が殺到し、開始から10日間で予算が尽きる自治体も出ている。

富山県は5月の補正予算に支援事業費として5億円を計上し、準備を進めている。各家電の省エネ性能を星印で示した国の「統一省エネラベル」の星の数などに応じて、エアコン、冷蔵庫、発光ダイオード（LED）照明を購入した県民に1000～4万円分のキャッシュレス決済のポイントを付与する。

例えば星が4つ以上かつ冷房能力3.6キロワット以上のエアコンならポイントは2万円分で、県内に本店がある登録事業者の店舗で購入した場合は2倍とする。ポイントの代わりに県産品と交換できるギフトカードも選べる。財源には国の地方創生臨時交付金を活用する。

政府の認可を受け、6月から中部、関西、九州を除く電力大手7社の家庭向け電気料金が引き上げられた。政府試算による標準的な家庭の値上げ幅は北陸電力が42％と最も高い。富山県の担当者は「電気代は生活への影響が大きく、

支援したい」と話す。

事業開始は7月の想定だったが、「早めてほしい」との県民の声を受け、6月中へ前倒しを目指している。

青森県もエアコンなどの購入者に統一省エネラベルなどに応じて1000～6万円分のポイントや商品券を還元する事業を8月下旬に始める。横浜市も同時期から購入金額の20％、上限3万円分を還元する。

東京都は4月、家庭の脱炭素化を図るため省エネ家電の購入者に付与する独自のポイントを2～3割引き上げた。ポイントは商品券などと交換できる。

電気代高騰を受けて省エネ家電の購入を自治体が支援する動きは22年度後半ごろから出てきている。電気代を下げる政府の激変緩和策は9月で期限が切れる。家計への圧力が強まるなか、生活支援策として購入支援に関心を寄せる自治体は増えている。

県の大部分が6月の値上げを申請しなかった中部電力管内にある岐阜県も、省エネ家電の購入額に応じた最大4万円の現金給付を始める。購入者は後日レシートなどと合わせて申請し、県は指定の口座に振り込む。詳細は調整中だが、5月9日以降の購入分なら適用する。

県の担当者は「電気代が高い状態が長く続いている。省エネ家電への切り替えで家計の負担軽減と、地域の脱炭素化を進めたい」と話す。

住民の関心が高く、申請が殺到する事例も起きている。最大5万円の購入支援を5月1日に始めた広島県福山市は、予算が上限に達したとして購入者からの申請受け付けを10日に終了した。本来は8月末まで受け付ける予定だった。

約1億円の予算を組んだが「家電販売店での事前周知や、事業の開始が大型連休中に重なったことが影響した」（市担当者）もようだ。同市は反響の大きさを踏まえ、予算の追加を検討している。

（2023年6月2日　日本経済新聞）

バッテリーなどリサイクル強化　経産省、法改正視野

鉱物資源を含むバッテリーなどのリサイクル促進に向け、経済産業省は関連制度の見直しを進める。近く有識者検討会を作り、資源有効利用促進法などの改正を視野に議論を始める。リサイクルしやすい製品設計をメーカーに求めたり、製品回収をしやすくしたりすることを目指し、具体的な改正内容を詰める。27日にまとめた「成長志向型の資源自律経済戦略」の案に方針を盛り込んだ。

西村康稔経産相は「日本が世界に先駆けて取り組む意義は大きい」と期待を寄せた。

検討会では太陽光パネルやバッテリーなどを、リサイクルの重点品目に追加することなどを議論する。現在は家電製品などが重点品目になっている。政府が認定した製品を製造する設備への支援なども視野に入れる。

産学官の共同事業体も立ち上げる。リサイクル資源の利用・供給の目標達成に向けた行程表や、流通データなどをやりとりする基盤を作ることを検討する。

鉱物資源は埋蔵量が地域的に偏在しているものが少なくない。インドネシアによるニッケル鉱石の輸出禁止など、特定国が供給を絞り世界全体で影響が出たこともある。

日本は多くを輸入に頼り、十分な量の供給を受けられない事態もあり得る。日本で家庭から出る一般廃棄物のリサイクル率は20%に満たない。経済協力開発機構（OECD）全体の24%を下回り、リサイクルを強化すれば鉱物などを確保できる余地がある。

リサイクルは採掘などに比べ、二酸化炭素の排出量が最大で9割程度削減できるとされる。供給網寸断への備えと同時に、脱炭素化も進める狙いだ。

（2023年3月27日　日本経済新聞）

▶労働環境

職種：物流企画　　年齢・性別：30代前半・男性

・残業代は基本的に全額出ますが，残業規制が厳しくなりました。
・労働量は部署によってまちまちで，繁忙期は休日出勤がある場合も。
・ノートPCで社外，自宅で仕事する場合も残業代は支払われます。
・役職が上がると裁量性が導入されるため，年収が下がります。

職種：法務　　年齢・性別：30代前半・男性

・サービス残業，休日出勤は一切なく，年休も取得しやすいです。
・2000年頃までは遅い時間まで働くことを良しとしていましたが，各人のライフスタイルに合わせて勤務できていると感じます。
・自宅で仕事を行うE-ワークも推奨されています。

職種：研究・開発（機械）　　年齢・性別：20代後半・男性

・社員同士の仲が良く，業務を行う上で協力関係を築きやすいです。
・自分のやる気次第で，難しい技術に挑戦できる環境にあります。
・責任ある仕事を任され，製品に関わっていることを実感できます。
・失敗を恐れず，チャレンジすることが求められる社風です。

職種：ソフトウェア開発（制御系）　　年齢・性別：20代後半・男性

・フレンドリーな職場だと思います（体育会的という意味ではなく）。
　最低限の上下関係はありますが，とても自由な雰囲気だと思います。
・管理方法としては，自己流・自社流で時代遅れの感は否めません。
・最近はマネージメント力強化の取り組みを始めているようです。

▶ 福利厚生

職種：機械・機構設計，金型設計（機械）　　年齢・性別：20代後半・男性

- 福利厚生は大手企業だけあって，とても充実しています。
- 3カ月の研修の間は家賃，食費，光熱費は一切かかりません。
- 自営ホテルが格安で使えたり，帰省費用も出してもらえます。
- ただし，昇給制度は良くありません。

職種：一般事務　　年齢・性別：20代後半・女性

- 福利厚生はとても充実していると思います。
- 住宅補助は大阪だと独身寮，関東だと借り上げ寮となります。
- 事務の女性は皆年に1回は，1週間の連続休暇を取得しています。
- 2010年以降は，先輩方が産休などを取得するようになりました。

職種：空調設備設計　　年齢・性別：20代後半・男性

- 金銭面の福利厚生はまったくないと考えておいたほうがいいです。
- 住宅手当がないのが一番大きいです。
- 退職金も確定拠出年金に移行したため，額の少なさに驚くかも。
- 保険が安かったり年休が取りやすかったりと，良い面もあります。

職種：サーバ設計・構築　　年齢・性別：20代後半・男性

- 福利厚生は充実していると思います。
- 自動車任意保険，生命保険，医療保険はグループ割引がありお得。
- 誕生日月に誕生日プレゼントが会社から全社員宛てに貰えます。プレゼントの内容は，おそらく自社製品だと思います。

▶仕事のやりがい

職種：制御設計（電気・電子）　　年齢・性別：20代後半・男性

・自分が設計開発に携わった製品が世に出た時，やりがいを感じます。
・国内外のインフラ開発で，人々の生活を支えていると実感します。
・多くの企業と情報交換できる点も非常に刺激的です。
・自分の能力次第で実際に製品の売上が左右されるプレッシャーも。

職種：研究開発　　年齢・性別：30代前半・男性

・次々に新しい業務が与えられるのでやりがいがあります。
・海外勤務のチャンスも多くあり，望めば研修も受けられます。
・開発に関しては非常に高い技術に触れることができます。
・自身の開発能力を常に向上させることが大事だと思います。

職種：経営コンサルタント　　年齢・性別：20代前半・女性

・顧客規模が大きいため，非常にやりがいが大きいです。
・社会を動かしている感は大企業ならではのものがあります。
・数億単位でお金が動いていくため，自分の裁量権を感じます。顧客
　も大手の経営層であったりするため，とても刺激があります。

職種：ソフトウェア開発（制御系）　　年齢・性別：20代後半・男性

・少人数で開発するので，開発完了時の達成感は大きいと思います。
・最近は新興国など市場の拡大もあり，非常にやりがいがあります。
・エコなど要求の変化もあり，やるべきことが増えてきています。
・経営側もモチベーション向上のための取り組みを始めています。

▶ブラック？ホワイト？

職種：研究開発　　年齢・性別：20代前半・男性

・研究開発の方針がコロコロ変わるのが非常に問題だと思います。
・やめると言っていた分野を急に復活させることもしばしば。
・方針が急に変わる度に，その分野で働いていた優秀な人材が他社へ。
・方針が定まらないため，効率が悪くなり現場が疲弊します。

職種：デジタル回路設計　　年齢・性別：20代前半・男性

・よくも悪くも昭和の空気が色濃く残っている会社です。
・行事は基本的には全員参加が基本です。
・運動会や全社スポーツ大会といったイベントを実施しております。
・若手は応援団に駆り出されるため，体育会系のノリが必要です。

職種：評価・テスト（機械）　　年齢・性別：20代後半・男性

・技術部の場合，残業が月100時間を越える人も少なからずいます。
・部署によっては毎週のように休日出社が発生しているところも。
・会社側は残業時間を減らそうとしているようですが，管理職は残業
　してあたりまえくらいの考えが主流のように感じます。

職種：法人営業　　年齢・性別：30代後半・男性

・部門の統廃合を凄いスピードでやっています。
・この会社は7割が40歳以上のため，課長や部長が出向していきます。
・本社で仕事がないまま，部下なしの課長や部長となる人もいます。
・職階級のピラミッドが崩れた状態で非常に働きづらくなりました。

▶女性の働きやすさ

職種：一般事務　　年齢・性別：20代後半・女性

- 産休や育休などの制度はしっかりしていて働きやすいと思います。
- 管理職になるのは難しく，キャリアを求める女性には不向きかと。
- 部署移動などもなく，同じ部署で働き続けることになります。
- 安定，変化なしを求めるならばもってこいの職場だと思います。

職種：マーケティング　　年齢・性別：20代後半・男性

- 男女差別はないので，とても働きやすいと思います。
- 女性は4大卒・短大卒関係なく業務にあたるチャンスがあります。
- 労働時間が長いため，出産すると途端に働きにくくなります。
- 男女平等であるので，夫婦がそれぞれ別の国に駐在するケースも。

職種：回路設計・実装設計　　年齢・性別：20代後半・男性

- 育児休暇を取得後，職場に復帰している女性社員も多くいます。
- 女性の管理職は自分の周りではあまり見たことがありません。
- 育休制度は使いやすいようですが，女性の労働環境改善はまだかと。
- 男性社員が圧倒的に多いこともあり，男性社会なのだと思います。

職種：ソフトウェア関連職　　年齢・性別：20代後半・女性

- 女性マネージャーは50人の部署に1人程度，部長以上も少ないです。
- 育児休暇等を利用した場合は管理職になるのはほぼ難しいようです。
- 部署によっては男尊女卑の考え方は根強く残っています。
- 女性管理職を増やす方向にあるようですが，時間がかかりそうです。

▶今後の展望

職種：ソフトウェア開発（制御系）　　年齢・性別：20代後半・男性

・新興国や国際的エコ意識から市場は拡大傾向にあると思います。
・ライバル企業は技術的には日系メーカー，新興市場は中国系です。
・既存事業の動向はエアコンの需要が増え，開発案件が増えています。
・今後はあえて別分野への大胆な展開はないと思います。

職種：経理　　年齢・性別：20代後半・男性

・一応高いシェアは持っていますが，油断できない状況です。
・断トツのトップシェアというわけでもないので競争は激化するかと。
・既存事業については成長性というのはないのではと感じています。
・今後の将来性については，疑問に感じるところです。

職種：研究・開発（機械）　　年齢・性別：20代後半・男性

・会社設立以降ほぼ右肩上がりに業績を伸ばしています。
・一度も赤字転落していないため，将来的にも安泰だと思います。
・リーマン・ショックでも業績を落とすことなく乗り越えてきました。
・好況時に社員にバラまくことをしない堅実な経営方針がいいのかと。

職種：法人営業　　年齢・性別：20代後半・男性

・一般的な商材のため市場がなくなることはないと思います。
・ただ，競合他社も多く，価格競争が厳しいのは否めません。
・売るだけではなく技術的知識を身につけることが大事だと思います。
・即潰れることはないとは思いますが，定年までいられるかどうか。

電気機器業界　国内企業リスト（一部抜粋）

区別	会社名	本社住所
電気機器	イビデン株式会社	岐阜県大垣市神田町 2-1
	コニカミノルタ株式会社	東京都千代田区丸の内 2-7-2　JP タワー
	ブラザー工業株式会社	名古屋市瑞穂区苗代町 15 番 1 号
	ミネベア株式会社	長野県北佐久郡御代田町大字御代田 4106-73
	株式会社 日立製作所	東京都千代田区丸の内一丁目 6 番 6 号
	株式会社 東芝	東京都港区芝浦 1-1-1
	三菱電機株式会社	東京都千代田区丸の内 2-7-3　東京ビル
	富士電機株式会社	東京都品川区大崎一丁目 11 番 2 号 ゲートシティ大崎イーストタワー
	東洋電機製造株式会社	東京都中央区八重洲一丁目 4 番 16 号 東京建物八重洲ビル 5 階
	株式会社安川電機	北九州市八幡西区黒崎城石 2 番 1 号
	シンフォニアテクノロジー 株式会社	東京都港区芝大門 1-1-30　芝 NBF タワー
	株式会社明電舎	東京都品川区大崎二丁目 1 番 1 号 ThinkPark Tower
	オリジン電気株式会社	東京都豊島区高田 1 丁目 18 番 1 号
	山洋電気株式会社	東京都豊島区南大塚 3-33-1
	デンヨー株式会社	東京都中央区日本橋堀留町二丁目 8 番 5 号
	東芝テック株式会社	東京都品川区大崎 1-11-1 （ゲートシティ大崎ウエストタワー）
	芝浦メカトロニクス株式会社	神奈川県横浜市栄区笠間 2-5-1
	マブチモーター株式会社	千葉県松戸市松飛台 430 番地
	日本電産株式会社	京都府京都市南区久世殿城町 338 番地
	株式会社 東光高岳ホールディングス	東京都江東区豊洲 3-2-20 豊洲フロント 2F
	宮越ホールディングス 株式会社	東京都大田区大森北一丁目 23 番 1 号
	株式会社　ダイヘン	大阪市淀川区田川 2 丁目 1 番 11 号
	ヤーマン株式会社	東京都江東区古石場一丁目 4 番 4 号
	株式会社 JVC ケンウッド	神奈川県横浜市神奈川区守屋町三丁目 12 番地

区別	会社名	本社住所
電気機器	第一精工株式会社	京都市伏見区桃山町根来 12 番地 4
	日新電機株式会社	京都市右京区梅津高畝町 47 番地
	大崎電気工業株式会社	東京都品川区東五反田 2-10-2 東五反田スクエア
	オムロン株式会社	京都市下京区塩小路通堀川東入
	日東工業株式会社	愛知県長久手市蟹原 2201 番地
	IDEC 株式会社	大阪市淀川区西宮原 2-6-64
	株式会社 ジーエス・ユアサ コーポレーション	京都市南区吉祥院西ノ庄猪之馬場町 1 番地
	サクサホールディングス株式会社	東京都港区白金 1-17-3 NBF プラチナタワー
	株式会社 メルコホールディングス	名古屋市中区大須三丁目 30 番 20 号 赤門通ビル
	株式会社テクノメディカ	横浜市都筑区仲町台 5-5-1
	日本電気株式会社	東京都港区芝五丁目 7 番 1 号
	富士通株式会社	神奈川県川崎市中原区上小田中 4-1-1
	沖電気工業株式会社	東京都港区虎ノ門 1-7-12
	岩崎通信機株式会社	東京都杉並区久我山 1 丁目 7 番 41 号
	電気興業株式会社	東京都千代田区丸の内三丁目 3 番 1 号 新東京ビル 7 階
	サンケン電気株式会社	埼玉県新座市北野三丁目 6 番 3 号
	株式会社ナカヨ通信機	前橋市総社町一丁目 3 番 2 号
	アイホン株式会社	愛知県名古屋市熱田区神野町 2-18
	ルネサス エレクトロニクス株式会社	神奈川県川崎市中原区下沼部 1753 番地
	セイコーエプソン株式会社	長野県諏訪市大和三丁目 3 番 5 号
	株式会社ワコム	埼玉県加須市豊野台二丁目 510 番地 1
	株式会社 アルバック	神奈川県茅ヶ崎市萩園 2500
	株式会社アクセル	東京都千代田区外神田四丁目 14 番 1 号 秋葉原 UDX　南ウイング 10 階
	株式会社ピクセラ	大阪府大阪市浪速区難波中 2-10-70 パークスタワー 25F

区別	会社名	本社住所
電気機器	EIZO 株式会社	石川県白山市下柏野町 153 番地
	日本信号株式会社	東京都千代田区丸の内 1-5-1 新丸の内ビルディング
	株式会社京三製作所	横浜市鶴見区平安町二丁目 29 番地の 1
	能美防災株式会社	東京都千代田区九段南 4 丁目 7 番 3 号
	ホーチキ株式会社	東京都品川区上大崎二丁目 10 番 43 号
	エレコム株式会社	大阪市中央区伏見町 4 丁目 1 番 1 号 明治安田生命大阪御堂筋ビル 9F
	日本無線株式会社	東京都杉並区荻窪 4-30-16 藤澤ビルディング
	パナソニック株式会社	大阪府門真市大字門真 1006 番地
	シャープ株式会社	大阪市阿倍野区長池町 22 番 22 号
	アンリツ株式会社	神奈川県厚木市恩名 5-1-1
	株式会社富士通ゼネラル	神奈川県川崎市高津区末長 1116 番地
	株式会社日立国際電気	東京都千代田区外神田 4-14-1 (秋葉原 UDX ビル 11F)
	ソニー株式会社	東京都港区港南 1-7-1
	TDK 株式会社	東京都港区芝浦三丁目 9 番 1 号 芝浦ルネサイトタワー
	帝国通信工業株式会社	神奈川県川崎市中原区苅宿 45 番 1 号
	ミツミ電機株式会社	東京都多摩市鶴牧 2-11-2
	株式会社タムラ製作所	東京都練馬区東大泉 1-19-43
	アルプス電気株式会社	東京都大田区雪谷大塚町 1-7
	池上通信機株式会社	東京都大田区池上 5-6-16
	パイオニア株式会社	神奈川県川崎市幸区新小倉 1-1
	日本電波工業株式会社	東京都渋谷区笹塚 1-50-1 笹塚 NA ビル
	株式会社日本トリム	大阪市北区梅田二丁目 2 番 22 号 ハービス ENT オフィスタワー 22F
	ローランド ディー . ジー . 株式会社	静岡県浜松市北区新都田一丁目 6 番 4 号
	フォスター電機株式会社	東京都昭島市つつじが丘一丁目 1 番 109 号
	クラリオン株式会社	埼玉県さいたま市中央区新都心 7-2
	SMK 株式会社	東京都品川区戸越 6 丁目 5 番 5 号

区別	会社名	本社住所
電気機器	株式会社ヨコオ	東京都北区滝野川 7-5-11
	株式会社 東光	東京都品川区東中延 1-5-7
	ティアック株式会社	東京都多摩市落合 1 丁目 47 番地
	ホシデン株式会社	大阪府八尾市北久宝寺 1-4-33
	ヒロセ電機株式会社	東京都品川区大崎 5 丁目 5 番 23 号
	日本航空電子工業株式会社	東京都渋谷区道玄坂 1-21-2
	TOA 株式会社	兵庫県神戸市中央区港島中町七丁目 2 番 1 号
	古野電気株式会社	兵庫県西宮市芦原町 9-52
	ユニデン株式会社	東京都中央区八丁堀 2-12-7
	アルパイン株式会社	東京都品川区西五反田 1-1-8
	スミダコーポレーション株式会社	東京都中央区日本橋蛎殻町一丁目 39 番 5 号 水天宮北辰ビル ヂング
	アイコム株式会社	大阪市平野区加美南 1-1-32
	リオン株式会社	東京都国分寺市東元町 3-20-41
	船井電機株式会社	大阪府大東市中垣内 7 丁目 7 番 1 号
	横河電機株式会社	東京都武蔵野市中町 2-9-32
	新電元工業株式会社	東京都千代田区大手町二丁目 2 番 1 号 新大手町ビル
	アズビル株式会社	東京都千代田区丸の内 2-7-3（東京ビル）
	東亜ディーケーケー株式会社	東京都新宿区高田馬場一丁目 29 番 10 号
	日本光電工業株式会社	東京都新宿区西落合 1 丁目 31 番 4 号
	株式会社チノー	東京都板橋区熊野町 32-8
	株式会社共和電業	東京都調布市調布ヶ丘 3-5-1
	日本電子材料株式会社	兵庫県尼崎市西長洲町 2 丁目 5 番 13 号
	株式会社堀場製作所	京都市南区吉祥院宮の東町 2
	株式会社アドバンテスト	東京都千代田区丸の内 1 丁目 6 番 2 号
	株式会社小野測器	神奈川県横浜市港北区新横浜 3 丁目 9 番 3 号
	エスペック株式会社	大阪市北区天神橋 3-5-6
	パナソニック デバイス SUNX 株式会社	愛知県春日井市牛山町 2431-1

区別	会社名	本社住所
電気機器	株式会社キーエンス	大阪市東淀川区東中島 1-3-14
	日置電機株式会社	長野県上田市小泉 81
	シスメックス株式会社	兵庫県神戸市中央区脇浜海岸通 1 丁目 5 番 1 号
	株式会社メガチップス	大阪市淀川区宮原 1 丁目 1 番 1 号 新大阪阪急ビル
	OBARA GROUP 株式会社	神奈川県大和市中央林間 3 丁目 2 番 10 号
	日本電産コパル電子株式会社	東京都新宿区西新宿 7-5-25 西新宿木村屋ビル
	澤藤電機株式会社	群馬県太田市新田早川町 3 番地
	コーセル株式会社	富山県富山市上赤江町一丁目 6 番 43 号
	株式会社日立メディコ	東京都千代田区外神田 4-14-1（秋葉原 UDX 18 階）
	新日本無線株式会社	東京都中央区日本橋横山町 3 番 10 号
	オプテックス株式会社	滋賀県大津市雄琴 5-8-12
	千代田インテグレ株式会社	東京都中央区明石町 4-5
	レーザーテック株式会社	神奈川県横浜市港北区新横浜 2-10-1
	スタンレー電気株式会社	東京都目黒区中目黒 2-9-13
	岩崎電気株式会社	東京都中央区日本橋馬喰町 1-4-16 馬喰町第一ビルディング
	ウシオ電機株式会社	東京都千代田区大手町二丁目 6 番 1 号
	岡谷電機産業株式会社	東京都世田谷区等々力 6-16-9
	ヘリオス テクノ ホールディング株式会社	兵庫県姫路市豊富町御蔭 703 番地
	日本セラミック株式会社	鳥取市広岡 176-17
	株式会社遠藤照明	大阪府大阪市中央区本町一丁目 6 番 19 号
	株式会社日本デジタル研究所	東京都江東区新砂 1-2-3
	古河電池株式会社	神奈川県横浜市保土ヶ谷区星川 2-4-1
	双信電機株式会社	東京都港区三田 3-13-16 三田 43MT ビル 13F
	山一電機株式会社	東京都大田区南蒲田 2 丁目 16 番 2 号 テクノポート三井生命ビル 11 階
	株式会社 図研	横浜市都筑区荏田東 2-25-1
	日本電子株式会社	東京都昭島市武蔵野 3 丁目 1 番 2 号
	カシオ計算機株式会社	東京都渋谷区本町 1-6-2

区別	会社名	本社住所
電気機器	ファナック株式会社	山梨県南都留郡忍野村忍草字古馬場 3580
	日本シイエムケイ株式会社	東京都新宿区西新宿 6-5-1 新宿アイランドタワー 43F
	株式会社エンプラス	埼玉県川口市並木 2 丁目 30 番 1 号
	株式会社 大真空	兵庫県加古川市平岡町新在家 1389
	ローム株式会社	京都市右京区西院溝崎町 21
	浜松ホトニクス株式会社	静岡県浜松市中区砂山町 325-6 日本生命浜松駅前ビル
	株式会社三井ハイテック	北九州市八幡西区小嶺二丁目 10 番 1 号
	新光電気工業株式会社	長野県長野市小島田町 80 番地
	京セラ株式会社	京都府京都市伏見区竹田鳥羽殿町 6
	太陽誘電株式会社	東京都台東区上野 6 丁目 16 番 20 号
	株式会社村田製作所	京都府長岡京市東神足 1 丁目 10 番 1 号
	株式会社ユーシン	東京都港区芝大門 1-1-30　芝 NBF タワー
	双葉電子工業株式会社	千葉県茂原市大芝 629
	北陸電気工業株式会社	富山県富山市下大久保 3158 番地
	ニチコン株式会社	京都市中京区烏丸通御池上る
	日本ケミコン株式会社	東京都品川区大崎五丁目 6 番 4 号
	コーア株式会社	長野県上伊那郡箕輪町大字中箕輪 14016
	市光工業株式会社	神奈川県伊勢原市板戸 80
	株式会社小糸製作所	東京都港区高輪 4 丁目 8 番 3 号
	株式会社ミツバ	群馬県桐生市広沢町 1-2681
	スター精密株式会社	静岡県静岡市駿河区中吉田 20 番 10 号
	大日本スクリーン製造 株式会社	京都市上京区堀川通寺之内上る 4 丁目天神北町 1-1
	キヤノン電子株式会社	埼玉県秩父市下影森 1248 番地
	キヤノン株式会社	東京都大田区下丸子 3 丁目 30 番 2 号
	株式会社リコー	東京都中央区銀座 8-13-1　リコービル
	MUTOH ホールディングス 株式会社	東京都世田谷区池尻 3 丁目 1 番 3 号
	東京エレクトロン株式会社	東京都港区赤坂 5-3-1 赤坂 Biz タワー

区別	会社名	本社住所
精密機器	テルモ株式会社	東京都渋谷区幡ヶ谷 2-44-1
	クリエートメディック株式会社	神奈川県横浜市都筑区茅ヶ崎南 2-5-25
	日機装株式会社	東京都渋谷区恵比寿 4 丁目 20 番 3 号 恵比寿ガーデンプレイスタワー 22 階
	株式会社島津製作所	京都市中京区西ノ京桑原町 1 番地
	株式会社ジェイ・エム・エス	広島市中区加古町 12 番 17 号
	クボテック株式会社	大阪市北区中之島 4-3-36 玉江橋ビル
	ショットモリテックス株式会社	埼玉県朝霞市泉水 3-13-45
	長野計器株式会社	東京都大田区東馬込 1 丁目 30 番 4 号
	株式会社ブイ・テクノロジー	横浜市保土ヶ谷区神戸町 134 横浜ビジネスパーク イーストタワー 9F/5F
	東京計器株式会社	東京都大田区南蒲田 2-16-46
	愛知時計電機株式会社	名古屋市熱田区千年一丁目 2 番 70 号
	株式会社東京精密	東京都八王子市石川町 2968-2
	マニー株式会社	栃木県宇都宮市清原工業団地 8 番 3
	株式会社ニコン	東京都千代田区有楽町 1-12-1（新有楽町ビル）
	株式会社トプコン	東京都板橋区蓮沼町 75 番 1 号
	オリンパス株式会社	東京都新宿区西新宿 2-3-1　新宿モノリス
	理研計器株式会社	東京都板橋区小豆沢 2-7-6
	株式会社タムロン	埼玉県さいたま市見沼区蓮沼 1385 番地
	HOYA 株式会社	東京都新宿区中落合 2-7-5
	ノーリツ鋼機株式会社	和歌山市梅原 579 － 1
	株式会社エー・アンド・デイ	東京都豊島区東池袋 3 丁目 23 番 14 号
	シチズンホールディングス 株式会社	東京都西東京市田無町 6-1-12
	リズム時計工業株式会社	埼玉県さいたま市大宮区北袋町一丁目 299 番地 12
	大研医器株式会社	大阪市中央区道修町 3 丁目 6 番 1 号
	株式会社松風	京都市東山区福稲上高松町 11
	セイコーホールディングス 株式会社	東京都港区虎ノ門二丁目 8 番 10 号 虎ノ門 15 森ビル
	ニプロ株式会社	大阪市北区本庄西 3 丁目 9 番 3 号

第**3**章

就職活動のはじめかた

入りたい会社は決まった。しかし「就職活動とはそもそも何をしていいのかわからない」「どんな流れで進むかわからない」という声は意外と多い。ここでは就職活動の一般的な流れや内容，対策について解説していく。

▶就職活動のスケジュール

3月	4月	6月

就職活動スタート

2025年卒の就活スケジュールは,経団連と政府を中心に議論され,2024年卒の採用選考スケジュールから概ね変更なしとされている。

エントリー受付・提出

OB・OG訪問

企業の説明会には積極的に参加しよう。独自の企業研究だけでは見えてこなかった新たな情報を得る機会であるとともに,モチベーションアップにもつながる。また,説明会に参加した者だけに配布する資料などもある。

合同企業説明会   個別企業説明会

筆記試験・面接試験等始まる（3月〜）

内々定(大手企業)

2月末までにやっておきたいこと

就職活動が本格化する前に,以下のことに取り組んでおこう。

◎自己分析　◎インターンシップ　◎筆記試験対策

◎業界研究・企業研究　◎学内就職ガイダンス

自分が本当にやりたいことはなにか,自分の能力を最大限に活かせる会社はどこか。自己分析と企業研究を重ね,それを文章などにして明確にしておき,面接時に最大限に活用できるようにしておこう。

7月	**8月**	**10月**

中 小 企 業 採 用 本 格 化

内定者の数が採用予定数に満た
ない企業，1年を通して採用を継
続している企業，夏休み以降に採
用活動を実施企業（後期採用）は
採用活動を継続して行っている。
大企業でも後期採用を行っている
こともあるので，企業から内定が
出ても，納得がいかなければ継続
して就職活動を行うこともある。

中小企業の採用が本格化するのは大手
企業より少し遅いこの時期から。HP
などで採用情報をつかむとともに，企
業研究も怠らないようにしよう。

内々定とは10月1日以前に通知（電話等）
されるもの。内定に関しては現在協定があり，
10月1日以降に文書等にて通知される。

内々定（中小企業）　　　　**内定式（10月〜）**

どんな人物が求められる？

多くの企業は，常識やコミュニケーション能力があり，社会のできごと
に高い関心を持っている人物を求めている。これは「会社の一員とし
て将来の企業発展に寄与してくれるか」という視点に基づく，もっとも
普遍的な選考基準だ。もちろん，「自社の志望を真剣に考えているか」
「自社の製品，サービスにどれだけの関心を向けているか」という熱
意の部分も重要な要素になる。

就活ロールプレイ！

理論編

STEP 1 　就職活動のスタート

理論編

内定までの道のりは，大きく分けると以下のようになる。

自 己 分 析

⬇

企 業 研 究

⬇

エントリーシート・筆記試験・面接

⬇

内 　定

01 まず自己分析からスタート

　就職活動とは，「企業に自分を PR すること」。自分自身の興味，価値観に加えて，強み・能力という要素が加わって，初めて企業側に「自分が働いたら，こういうポイントで貢献できる」と自分自身を売り込むことができるようになる。

■自分の来た道を振り返る

　自己分析をするための第一歩は，「振り返ってみる」こと。

　小学校，中学校など自分のいた"場"ごとに何をしたか（部活動など），何を学んだか，交友関係はどうだったか，興味のあったこと，覚えている印象的なことを書き出してみよう。

■テストを受けてみる

　"自分では気がついていない能力"を客観的に検査してもらうことで，自分に向いている職種が見えてくる。下記の5種類が代表的なものだ。

①**職業適性検査**　　②**知能検査**　　③**性格検査**

④**職業興味検査**　　⑤**創造性検査**

■**先輩や専門家に相談してみる**

　就職活動をするうえでは，"いかに他人に自分のことをわかってもらうか"が重要なポイント。他者の視点で自分を分析してもらうことで，より客観的な視点で自己PRができるようになる。

自己分析の流れ

❏過去の経験を書いてみる

❏現在の自己イメージを明確にする…行動，考え方，好きなものなど。

❏他人から見た自分を明確にする

❏将来の自分を明確にしてみる…どのような生活をおくっていたいか。期待，夢，願望。なりたい自分はどういうものか，掘り下げて考える。→自己分析結果を，志望動機につなげていく。

01 企業の絞り込み

志望企業の絞り込みについての考え方は大きく分けて2つある。

第1は，同一業種の中で1次候補，2次候補……と絞り込んでいく方法。

第2は，業種を1次，2次，3次候補と変えながら，それぞれに2社程度ずつ絞り込んでいく方法。

第1の方法では，志望する同一業種の中で，一流企業，中堅企業，中小企業，縁故などがある歯止めの会社……というふうに絞り込んでいく。

第2の方法では，自分が最も望んでいる業種，将来好きになれそうな業種，発展性のある業種，安定性のある業種，現在好況な業種……というふうに区別して，それぞれに適当な会社を絞り込んでいく。

02 情報の収集場所

・キャリアセンター

・新聞

・インターネット

・企業情報

『就職四季報』（東洋経済新報社刊），『日経会社情報』（日本経済新聞社刊）などの企業情報。この種の資料は本来"株式市場"についての資料だが，その時期の景気動向を含めた情報を仕入れることができる。

・経済雑誌

『ダイヤモンド』（ダイヤモンド社刊）や『東洋経済』（東洋経済新報社刊），『エコノミスト』（毎日新聞出版刊）など。

・OB・OG／社会人

①成長力

まず"売上高"。次に資本力の問題や利益率などの比率。いくら資本金があっても，それを上回る膨大な借金を抱えていて，いくら稼いでも利払いに追われまくるようでは，成長できないし，安定できない。

成長力を見るには自己資本率を割り出してみる。自己資本を総資本で割って100を掛けると自己資本率がパーセントで出てくる。自己資本の比率が高いほうが成長力もあり安定度も高い。

利益率は純利益を売上高で割って100を掛ける。利益率が高ければ，企業はどんどん成長するし，社員の待遇も上昇する。利益率が低いということは，仕事がどんなに忙しくても利益にはつながらないということになる。

②技術力

技術力は，短期的な見方と長期的な展望が必要になってくる。研究部門が適切な規模か，大学など企業外の研究部門との連絡があるか，先端技術の分野で開発を続けているかどうかなど。

③経営者と経営形態

会社が将来，どのような発展をするか，または衰退するかは経営者の経営哲学，経営方針によるところが大きい。社長の経歴を知ることも必要。創始者の息子，孫といった親族が社長をしているのか，サラリーマン社長か，官庁などからの天下りかということも大切なチェックポイント。

④社風

社風というのは先輩社員から後輩社員に伝えられ，教えられるもの。社風もいろいろな面から必ずチェックしよう。

⑤安定性

企業が成長しているか，安定しているかということは車の両輪。どちらか片方の回転が遅くなっても企業はバランスを失う。安定し，しかも成長する。これが企業として最も理想とするところ。

⑥待遇

初任給だけを考えてみても，それが手取りなのか，基本給なのか。基本給というのはボーナスから退職金，定期昇給の金額にまで響いてくる。また，待遇というのは給与ばかりではなく，福利厚生施設でも大きな差が出てくる。

■そのほかの会社比較の基準

1. ゆとり度

　休暇制度は，企業によって独自のものを設定しているところもある。「長期休暇制度」といったものなどの制定状況と，また実際に取得できているかどうかも調べたい。

2. 独身寮や住宅設備

　最近では，社宅は廃止し，住宅手当を多く出すという流れもある。寮や社宅についての福利厚生は調べておく。

3. オフィス環境

　会社に根づいた慣習や社員に対する考え方が，意外にオフィスの設備やレイアウトに表れている場合がある。

　たとえば，個人の専有スペースの広さや区切り方，パソコンなどOA機器の設置状況，上司と部下の机の配置など，会社によってずいぶん違うもの。玄関ロビーや受付の様子を観察するだけでも，会社ごとのカラーや特徴がどこかに見えてくる。

4. 勤務地

　転勤はイヤ，どうしても特定の地域で生活していきたい。そんな声に応えて，最近は流通業などを中心に，勤務地限定の雇用制度を取り入れる企業も増えている。

---

column　初任給では分からない本当の給与

　会社の給与水準には「初任給」「平均給与」「平均ボーナス」「モデル給与」など，判断材料となるいくつかのデータがある。これらのデータからその会社の給料の優劣を判断するのは非常に難しい。

　たとえば中小企業の中には，初任給が飛び抜けて高い会社がときどきある。しかしその後の昇給率は大きくないのがほとんど。

　一方，大手企業の初任給は業種間や企業間の差が小さく，ほとんど横並びと言っていい。そこで，「平均給与」や「平均ボーナス」などで将来の予測をするわけだが，これは一応の目安とはなるが，個人差があるので正確とは言えない。

■決定版「就職ノート」はこう作る

1冊にすべて書き込みたいという人には,ルーズリーフ形式のノートがお勧め。会社研究,スケジュール,時事用語,OB／OG訪問,切り抜きなどの項目を作りインデックスをつける。

カレンダー,説明会,試験などのスケジュール表を貼り,とくに会社別の説明会,面談,書類提出,試験の日程がひと目で分かる表なども作っておく。そして見開き2ページで1社を載せ,左ページに企業研究,右ページには志望理由,自己PRなどを整理する。

就職ノートの主なチェック項目

❏企業研究…資本金,業務内容,従業員数など基礎的な会社概要から,過去の採用状況,業務報告などのデータ

❏採用試験メモ…日程,条件,提出書類,採用方法,試験の傾向など

❏店舗・営業所見学メモ…流通関係,銀行などの場合は,客として訪問し,商品(値段,使用価値,ユーザーへの配慮),店員(接客態度,商品知識,熱意,親切度),店舗(ショーケース,陳列の工夫,店内の清潔さ)などの面をチェック

❏OB／OG訪問メモ…OB／OGの名前,連絡先,訪問日時,面談場所,質疑応答のポイント,印象など

❏会社訪問メモ…連絡先,人事担当者名,会社までの交通機関,最寄り駅からの地図,訪問のときに得た情報や印象,訪問にいたるまでの経過も記入

05「OB／OG訪問」

　「OB／OG訪問」は，実際は採用予備選考開始。まず，OB／OG訪問を希望したら，大学のキャリアセンター，教授などの紹介で，志望企業に勤める先輩の手がかりをつかむ。もちろん直接電話なり手紙で，自分の意向を会社側に伝えてもいい。自分の在籍大学，学部をはっきり言って，「先輩を紹介していただけないでしょうか」と依頼しよう。

 ** OB／OG訪問時の質問リスト例**

●**採用について**
- ・成績と面接の比重
- ・採用までのプロセス（日程）
- ・面接は何回あるか
- ・面接で質問される事項　etc.

- ・評価のポイント
- ・筆記試験の傾向と対策
- ・コネの効力はどうか

●**仕事について**
- ・内容（入社10年, 20年のOB/OG）
- ・希望職種につけるのか
- ・残業，休日出勤，出張など

- ・新入社員の仕事
- ・やりがいはどうか
- ・同業他社と比較してどうか　etc.

●**社風について**
- ・社内のムード
- ・仕事のさせ方　etc.

- ・上司や同僚との関係

●**待遇について**
- ・給与について
- ・昇進のスピード

- ・福利厚生の状態
- ・離職率について　etc.

06 インターンシップ

インターンシップとは，学生向けに企業が用意している「就業体験」プログラム。ここで学生はさまざまな企業の実態をより深く知ることができ，その後の就職活動において自己分析，業界研究，職種選びなどに活かすことができる。また企業側にとっても有能な学生を発掘できるというメリットがあるため，導入する企業は増えている。

インターンシップ参加が採用につながっているケースもあるため，たくさん参加してみよう。

---

column コネを利用するのも1つの手段？

コネを活用できるのは，以下のような場合である。

・企業と大学に何らかの「連絡」がある場合

企業の新卒採用の場合，特定校・指定校が決められていることもある。企業側が過去の実績などに基づいて決めており，大学の力が大きくものをいう。

とくに理工系では，指導教授や研究室と企業との連絡が密接な場合が多く，教授の推薦が有利であることは言うまでもない。同じ大学出身の先輩とのコネも，この部類に区分できる。

・志望企業と「関係」ある人と関係がある場合

一般的に言えば，志望企業の取り引き先関係からの紹介というのが一番多い。ただし，年間億単位の実績が必要で，しかも部長・役員以上につながっていなければコネがあるとは言えない。

・志望企業と何らかの「親しい関係」がある場合

志望企業に勤務したりアルバイトをしていたことがあるという場合。インターンシップもここに分類される。職場にも馴染みがあり人間関係もできているので，就職に際してきわめて有利。

・志望会社に関係する人と「縁故」がある場合

縁故を「血縁関係」とした場合，日本企業ではこのコネはかなり有効なところもある。ただし，血縁者が同じ会社にいるというのは不都合なことも多いので，どの企業も慎重。

07 会社説明会のチェックポイント

1. 受付の様子

受付事務がテキパキとしていて，分かりやすいかどうか。社員の態度が親切で誠意が伝わってくるかどうか。

こういった受付の様子からでも，その会社の社員教育の程度や，新入社員採用に対する熱意とか期待を推し測ることができる。

2. 控え室の様子

控え室が2カ所以上あって，国立大学と私立大学の訪問者とが，別々に案内されているようなことはないか。また，面談の順番を意図的に変えているようなことはないか。これはよくある例で，すでに大半は内定しているということを意味する場合が多い。

3. 社内の雰囲気

社員の話し方，その内容を耳にはさむだけでも，社風が伝わってくる。

4. 面談の様子

何時間も待たせたあげくに，きわめて事務的に，しかも投げやりな質問しかしないような採用担当者である場合，この会社は人事が適正に行われていないということだから，一考したほうがよい。

 説明会での質問項目

・質問内容が抽象的でなく，具体性のあるものかどうか。
・質問内容は，現在の社会・経済・政治などの情況を踏まえた，
　大学生らしい高度で専門性のあるものか。
・質問をするのはいいが，「それでは，あなたの意見はどうか」と
　逆に聞かれたとき，自分なりの見解が述べられるものであるか。

提出する書類は6種類。①〜③が大学に申請する書類，④〜⑥が自分で書く書類だ。大学に申請する書類は一度に何枚も入手しておこう。

① 「卒業見込証明書」

② 「成績証明書」

③ 「健康診断書」

④ 「履歴書」

⑤ 「エントリーシート」

⑥ 「会社説明会アンケート」

■自分で書く書類は「自己PR」

第1次面接に進めるか否かは「自分で書く書類」の出来にかかっている。「履歴書」と「エントリーシート」は会社説明会に行く前に準備しておくもの。「会社説明会アンケート」は説明会の際に書き，その場で提出する書類だ。

01 履歴書とエントリーシートの違い

Webエントリーを受け付けている企業に資料請求をすると，資料と一緒に「エントリーシート」が送られてくるので，応募サイトのフォームやメールでエントリーシートを送付する。Webエントリーを行っていない企業には，ハガキやメールで資料請求をする必要があるが，「エントリーシート」は履歴書とは異なり，企業が設定した設問に対して回答するもの。すなわちこれが「1次試験」であり，これにパスをした人だけが会社説明会に呼ばれる。

■**字はていねいに**

　字を書くところから，その企業に対する"本気度"は測られている。

■**誤字，脱字は厳禁**

　使用するのは，黒のインク。

■**修正液使用は不可**

■**数字は算用数字**

■**自分の広告を作るつもりで書く**

　自分はこういう人間であり，何がしたいかということを簡潔に書く。メリットになることだけで良い。自分に損になるようなことを書く必要はない。

■**「やる気」を示す具体的なエピソードを**

　「私はやる気があります」「私は根気があります」という抽象的な表現だけではNG。それを示すエピソードのようなものを書かなくては意味がない。

Point

　自己紹介欄の項目はすべて「自己PR」。自分はこういう人間であることを印象づけ，それがさらに企業への「志望動機」につながっていくような書き方をする。

column 履歴書やエントリーシートは，共通でもいい？

　「履歴書」や「エントリーシート」は企業によって書き分ける。業種はもちろん，同じ業界の企業であっても求めている人材が違うからだ。各書類は提出前にコピーを取り，さらに出した企業名を忘れずに書いておくことも大切だ。

履歴書記入のPoint

写真	スナップ写真は不可。 スーツ着用で、胸から上の物を使用する。ポイントは「清潔感」。 氏名・大学名を裏書きしておく。
日付	郵送の場合は投函する日、持参する場合は持参日の日付を記入する。
生年月日	西暦は避ける。元号を省略せずに記入する。
氏名	戸籍上の漢字を使う。印鑑押印欄があれば忘れずに押す。
住所	フリガナ欄がカタカナであればカタカナで、平仮名であれば平仮名で記載する。
学歴	最初の行の中央部に「学□□歴」と2文字程度間隔を空けて、中学校卒業から大学（卒業・卒業見込み）まで記入する。 中途退学の場合は、理由を簡潔に記載する。留年は記入する必要はない。 職歴がなければ、最終学歴の一段下の行の右隅に、「以上」と記載する。
職歴	最終学歴の一段下の行の中央部に「職□□歴」と2文字程度間隔を空け記入する。 「株式会社」や「有限会社」など、所属部門を省略しないで記入する。 「同上」や「〃」で省略しない。 最終職歴の一段下の行の右隅に、「以上」と記載する。
資格・免許	4級以下は記載しない。学習中のものも記載して良い。 「普通自動車第一種運転免許」など、省略せずに記載する。
趣味・特技	具体的に（例：読書でもジャンルや好きな作家を）記入する。
志望理由	その企業の強みや良い所を見つけ出したうえで、「自分の得意な事」がどう活かせるかなどを考えぬいたものを記入する。
自己PR	応募企業の事業内容や職種にリンクするような、自分の経験やスキルなどを記入する。
本人希望欄	面接の連絡方法、希望職種・勤務地などを記入する。「特になし」や空白はNG。
家族構成	最初に世帯主を書き、次に配偶者、それから家族を祖父母、兄弟姉妹の順に。続柄は、本人から見た間柄。兄嫁は、義姉と書く。
健康状態	「良好」が一般的。

01 エントリーシートの目的

・応募者を，決められた採用予定者数に絞り込むこと
・面接時の資料にする
の2つ。

■知りたいのは職務遂行能力

　採用担当者が学生を見る場合は,「こいつは与えられた仕事をこなせるかどう
か」という目で見ている。企業に必要とされているのは仕事をする能力なのだ。

Point
> 質問に忠実に，"自分がいかにその会社の求める人材に当てはまるか"を
> 丁寧に答えること。

02 効果的なエントリーシートの書き方

■情報を伝える書き方

　課題をよく理解していることを相手に伝えるような気持ちで書く。

■文章力

　大切なのは全体のバランスが取れているか。書く前に，何をどれくらいの字
数で収めるか計算しておく。

　「起承転結」でいえば，「起」は，文章を起こす導入部分。「承」は，起を受け
て，その提起した問題に対して承認を求める部分。「転」は，自説を展開する
部分。もっともオリジナリティが要求される。「結」は，最後の締めの結論部分。
文章の構成・まとめる力で，総合的な能力が高いことをアピールする。

▶エントリーシートでよく取り上げられる題材と，その出題意図

エントリーシートで求められるものは，「自己PR」「志望動機」「将来どうなりたいか（目指すこと）」の3つに大別される。

1. 「自己PR」

自己分析にしたがって作成していく。重要なのは，「なぜそうしようと思ったか？」「○○をした結果，何が変わったのか？何を得たのか？」という“連続性”が分かるかどうかがポイント。

2. 「志望動機」

自己PRと一貫性を保ち，業界志望理由と企業志望理由を差別化して表現するように心がける。志望する業界の強みと弱み，志望企業の強みと弱みの把握は基本。

3. 「将来の展望」

どんな社員を目指すのか，仕事へはどう臨もうと思っているか，目標は何か，などが問われる。仕事内容を事前に把握しておくだけでなく，5年後の自分，10年後の自分など，具体的な将来像を描いておくことが大切。

表現力，理解力のチェックポイント

❏文法，語法が正しいかどうか
❏論旨が論理的で一貫しているかどうか
❏1センテンスが簡潔かどうか
❏表現が統一されているかどうか（「です，ます」調か「だ，である」調か）

01 個人面接

●自由面接法

面接官と受験者のキャラクターやその場の雰囲気，質問と応答の進行具合などによって雑談形式で自由に進められる。

●標準面接法

自由面接法とは逆に，質問内容や評価の基準などがあらかじめ決まっている。実際には自由面接法と併用で，おおまかな質問事項や判定基準，評価ポイントを決めておき，質疑応答の内容上の制限を緩和しておくスタイルが一般的。1次面接などでは標準面接法をとり，2次以降で自由面接法をとる企業も多い。

●非指示面接法

受験者に自由に発言してもらい，面接官は話題を引き出したりするときなど，最小限の質問をするという方法。

●圧迫面接法

わざと受験者の精神状態を緊張させ，受験者がどのような応答をするかを観察し，判定する。受験者は，冷静に対応することが肝心。

02 集団面接

面接の方法は個人面接と大差ないが，面接官がひとつの質問をして，受験者が順にそれに答えるという方法と，面接官が司会役になって，座談会のような形式で進める方法とがある。

座談会のようなスタイルでの面接は，なるべく受験者全員が関心をもっているような話題を取りあげ，意見を述べさせるという方法。この際，司会役以外の面接官は一言も発言せず，判定・評価に専念する。

03 グループディスカッション

グループディスカッション（以下，GD）の時間は30〜60分程度，1グループの人数は5〜10人程度で，司会は面接官が行う場合や，時間を決めて学生が交替で行うことが多い。面接官は内容については特に指示することはなく，受験者がどのようにGDを進めるかを観察する。

評価のポイントは，全体的には理解力，表現力，指導性，積極性，協調性など，個別的には性格，知識，適性などが観察される。

GDの特色は，集団の中での個人ということで，受験者の能力がどの程度のものであるか，また，どのようなことに向いているかを判定できること。受験者は，グループの中における自分の位置を面接官に印象づけることが大切だ。

グループディスカッション方式の面接におけるチェックポイント

- ❏全体の中で適切な論点を提供できているかどうか。
- ❏問題解決に役立つ知識を持っているか，また提供できているかどうか。
- ❏もつれた議論を解きほぐし，的はずれの議論を元に引き戻す努力をしているかどうか。
- ❏グループ全体としての目標をいつも考えているかどうか。
- ❏感情的な対立や攻撃をしかけているようなことはないか。
- ❏他人の意見に耳を傾け，よい意見には賛意を表し，それを全体に推し広げようという寛大さがあるかどうか。
- ❏議論の流れを自然にリードするような主導性を持っているかどうか。
- ❏提出した意見が議論の進行に大きな影響を与えているかどうか。

04 面接時の注意点

●控え室

控え室には，指定された時間の15分前には入室しよう。そこで担当の係から，面接に際しての注意点や手順の説明が行われるので，疑問点は積極的に聞くようにし，心おきなく面接にのぞめるようにしておこう。会社によっては，所定のカードに必要事項を書き込ませたり，お互いに自己紹介をさせたりする場合もある。また，この控え室での行動も細かくチェックして，合否の資料にしている会社もある。

●入室・面接開始

　係員がドアの開閉をしてくれる場合もあるが，それ以外は軽くノックして入室し，必ずドアを閉める。そして入口近くで軽く一礼し，面接官か補助員の「どうぞ」という指示で正面の席に進み，ここで再び一礼をする。そして，学校名と氏名を名のって静かに着席する。着席時は，軽く椅子にかけるようにする。

●面接終了と退室

　面接の終了が告げられたら，椅子から立ち上がって一礼し，椅子をもとに戻して，面接官または係員の指示を受けて退室する。

　その際も，ドアの前で面接官のほうを向いて頭を下げ，静かにドアを開閉する。控え室に戻ったら，係員の指示を受けて退社する。

05 面接試験の評定基準

●協調性

　企業という「集団」では，他人との協調性が特に重視される。

　感情や態度が円満で調和がとれていること，極端に好悪の情が激しくなく，物事の見方や考え方が穏健で中立であることなど，職場での人間関係を円滑に進めていくことのできる人物かどうかが評価される。

●話し方

　外観印象的には，言語の明瞭さや応答の態度そのものがチェックされる。小さな声で自信のない発言，乱暴野卑な発言は減点になる。

　考えをまとめたら，言葉を選んで話すくらいの余裕をもって，真剣に応答しようとする姿勢が重視される。軽率な応答をしたり，まして発言に矛盾を指摘されるような事態は極力避け，もしそのような状況になりそうなときは，自分の非を認めてはっきりと謝るような態度を示すべき。

●好感度

　実社会においては，外観による第一印象が，人間関係や取引に大きく影響を及ぼす。

　「フレッシュな爽やかさ」に加え，入社志望など，自分の意思や希望をより明確にすることで，強い信念に裏づけられた姿勢をアピールできるよう努力したい。

●判断力

何を質問されているのか，何を答えようとしているのか，常に冷静に判断していく必要がある。

●表現力

話に筋道が通り理路整然としているか，言いたいことが簡潔に言えるか，話し方に抑揚があり聞く者に感銘を与えるか，用語が適切でボキャブラリーが豊富かどうか。

●積極性

活動意欲があり，研究心旺盛であること，進んで物事に取り組み，創造的に解決しようとする意欲が感じられること，話し方にファイトや情熱が感じられること，など。

●計画性

見通しをもって順序よく合理的に仕事をする性格かどうか，またその能力の有無。企業の将来性のなかに，自分の将来をどうかみ合わせていこうとしているか，現在の自分を出発点として，何を考え，どんな仕事をしたいのか。

●安定性

情緒の安定は，社会生活に欠くことのできない要素。自分自身をよく知っているか，他の人に流されない信念をもっているか。

●誠実性

自分に対して忠実であろうとしているか，物事に対してどれだけ誠実な考え方をしているか。

●社会性

企業は集団活動なので，自分の考えに固執したり，不平不満が多い性格は向かない。柔軟で適応性があるかどうか。

─Point─────────────────────
清潔感や明朗さ，若々しさといった外観面も重視される。
─────────────────────────

06 面接試験の質問内容

1. 志望動機

受験先の概要や事業内容はしっかりと頭の中に入れておく。また，その企業の企業活動の社会的意義と，自分自身の志望動機との関連を明確にしておく。「安定している」「知名度がある」「将来性がある」といった利己的な動機，「自

分の性格に合っている」というような，あいまいな動機では説得力がない。安定性や将来性は，具体的にどのような企業努力によって支えられているのかという考察も必要だし，それに対する受験者自身の評価や共感なども問われる。

①どうしてその業種なのか

②どうしてその企業なのか

③どうしてその職種なのか

以上の①〜③と，自分の性格や資質，専門などとの関連性を説明できるようにしておく。

自分がどうしてその会社を選んだのか，どこに大きな魅力を感じたのかを，できるだけ具体的に，情熱をもって語ることが重要。自分の長所と仕事の適性を結びつけてアピールし，仕事のやりがいや仕事に対する興味を述べるのもよい。

■複数の企業を受験していることは言ってもいい？

同じ職種，同じ業種で何社かかけもちしている場合，正直に答えてもかまわない。しかし，「第一志望はどこですか」というような質問に対して，正直に答えるべきかどうかというと，やはりこれは疑問がある。どんな会社でも，他社を第一志望にあげられれば，やはり愉快には思わない。

また，職種や業種の異なる会社をいくつか受験する場合も同様で，極端に性格の違う会社をあげれば，その矛盾を突かれるのは必至だ。

2. 仕事に対する意識・職業観

採用試験の段階では，次年度の配属予定が具体的に固まっていない会社もかなりある。具体的に職種や部署などを細分化して募集している場合は別だが，そうでない場合は，希望職種をあまり狭く限定しないほうが賢明。どの業界においても，採用後，新入社員には，研修としてその会社の各セクションをひと通り経験させる企業は珍しくない。そのうえで，具体的な配属計画を検討するのだ。

大切なことは，就職や職業というものを，自分自身の生き方の中にどう位置づけるか，また，自分の生活の中で仕事とはどういう役割を果たすのかを考えてみること。つまり自分の能力を活かしたい，社会に貢献したい，自分の存在価値を社会的に実現してみたい，ある分野で何か自分の力を試してみたい……，などの場合を考え，それを自分自身の人生観，志望職種や業種などとの関係を考えて組み立ててみる。自分の人生観をもとに，それを自分の言葉で表現できるようにすることが大切。

3. 自己紹介・自己PR

性格そのものを簡単に変えたり，欠点を克服したりすることは実際には難しいが，"仕方がない"という姿勢を見せることは禁物で，どんなささいなことでも，努力している面をアピールする。また一般的にいって，専門職を除けば，就職時になんらかの資格や技能を要求する企業は少ない。

ただ，資格をもっていれば採用に有利とは限らないが，専門性を要する業種では考慮の対象とされるものもある。たとえば英検，簿記など。

企業が学生に要求しているのは，4年間の勉学を重ねた学生が，どのように仕事に有用であるかということで，学生の知識や学問そのものを聞くのが目的ではない。あくまで，社会人予備軍としての謙虚さと素直さを失わないようにする。

知識や学力よりも，その人の人間性，ビジネスマンとしての可能性を重視するからこそ，面接担当者は，学生生活全般について尋ねることで，書類だけでは分からない人間性を探ろうとする。

何かうち込んだものや思い出に残る経験などは，その人の人間的な成長になんらかの作用を及ぼしているものだ。どんな経験であっても，そこから受けた印象や教訓などは，明確に答えられるようにしておきたい。

4. 一般常識・時事問題

一般常識・時事問題については筆記試験の分野に属するが，面接でこうしたテーマがもち出されることも珍しくない。受験者がどれだけ社会問題に関心をもっているか，一般常識をもっているか，また物事の見方・考え方に偏りがないかなどを判定する。知識や教養だけではなく，一問一答の応答を通じて，その人の性格や適応能力まで判断されることになる。

07 面接に向けての事前準備

■面接試験1カ月前までには万全の準備をととのえる

●志望会社・職種の研究

新聞の経済欄や経済雑誌などのほか，会社年鑑，株式情報など書物による研究をしたり，インターネットにあがっている企業情報や，検索によりさまざまな角度から調べる。すでにその会社へ就職している先輩や知人に会って知識を得たり，大学のキャリアセンターへ情報を求めるなどして総合的に判断する。

■専攻科目の知識・卒論のテーマなどの整理

大学時代にどれだけ勉強してきたか，専攻科目や卒論のテーマなどを整理しておく。

■時事問題に対する準備

毎日欠かさず新聞を読む。志望する企業の話題は，就職ノートに整理するなどもアリ。

面接当日の必需品

❏必要書類（履歴書，卒業見込証明書，成績証明書，健康診断書，推薦状）

❏学生証

❏就職ノート（志望企業ファイル）

❏印鑑，朱肉

❏筆記用具（万年筆，ボールペン，サインペン，シャープペンなど）

❏手帳，ノート

❏地図（訪問先までの交通機関などをチェックしておく）

❏現金（小銭も用意しておく）

❏腕時計（オーソドックスなデザインのもの）

❏ハンカチ，ティッシュペーパー

❏くし，鏡（女性は化粧品セット）

❏シューズクリーナー

❏ストッキング

❏折りたたみ傘（天気予報をチェックしておく）

❏携帯電話，充電器

理論編
STEP**6** 筆記試験の種類

■一般常識試験

> 社会人として企業活動を行ううえで最低限必要となる一般常識のほか，
> 英語，国語，社会(時事問題)，数学などの知識の程度を確認するもの。

　難易度はおおむね中学・高校の教科書レベル。一般常識の問題集を1冊やっておけばよいが，業界によっては専門分野が出題されることもあるため，必ず志望する企業のこれまでの試験内容は調べておく。

■一般常識試験の対策

・**英語**　慣れておくためにも，教科書を復習する，英字新聞を読むなど。

・**国語**　漢字，四字熟語，反対語，同音異義語，ことわざをチェック。

・**時事問題**　新聞や雑誌,テレビ,ネットニュースなどアンテナを張っておく。

■適性検査

　SPI（Synthetic Personality Inventory）試験（SPI3試験）とも呼ばれ，能力テストと性格テストを合わせたもの。

　能力テストでは国語能力を測る「言語問題」と,数学能力を測る「非言語問題」がある。言語的能力，知覚能力，数的能力のほか，思考・推理能力，記憶力，注意力などの問題で構成されている。

　性格テストは「はい」か「いいえ」で答えていく。仕事上の適性と性格の傾向などが一致しているかどうかをみる。

> SPIは職務への適応性を客観的にみるためのもの。

01 「論文」と「作文」

　一般に「論文」はあるテーマについて自分の意見を述べ，その論証をする文章で，必ず意見の主張とその論証という2つの部分で構成される。問題提起と論旨の展開，そして結論を書く。

　「作文」は，一般的には感想文に近いテーマ，たとえば「私の興味」「将来の夢」といったものがある。

　就職試験では「論文」と「作文」を合わせた"論作文"とでもいうようなものが出題されることが多い。

　論作文試験とは，「文章による面接」。テーマに書き手がどういう態度を持っているかを知ることが，出題の主な目的だ。受験者の知識・教養・人生観・社会観・職業観，そして将来への希望などが，どのような思考を経て，どう表現されているかによって，企業にとって，必要な人物かどうかを判断している。

　論作文の場合には，書き手の社会的意識や考え方に加え，「感銘を与える」働きが要求される。就職活動とは，企業に対し「自分をアピールすること」だということを常に念頭に置いておきたい。

Point

論文と作文の違い

	論　文	作　文
テーマ	学術的・社会的・国際的なテーマ。時事，経済問題など	個人的・主観的なテーマ。人生観，職業観など
表現	自分の意見や主張を明確に述べる。	自分の感想を述べる。
展開	四段型（起承転結）の展開が多い。	三段型（はじめに・本文・結び）の展開が多い。
文体	「だ調・である調」のスタイルが多い。	「です調・ます調」のスタイルが多い。

・テーマ

与えられた課題（テーマ）を，受験者はどのように理解しているか。

出題されたテーマの意義をよく考え，それに対する自分の意見や感情が，十分に整理されているかどうか。

・表現力

課題について本人が感じたり，考えたりしたことを，文章で的確に表しているか。

・字・用語・その他

かなづかいや送りがなが合っているか，文中で引用されている格言やことわざの類が使用法を間違えていないか，さらに誤字・脱字に至るまで，文章の基本的な力が受験者の人柄ともからんで厳密に判定される。

・オリジナリティ

魅力がある文章とは，オリジナリティを率直に出すこと。自分の感情や意見を，自分の言葉で表現する。

・生活態度

文章は，書き手の人格や人柄を映し出す。平素の社会的関心や他人との協調性，趣味や読書傾向はどうであるかといった，受験者の日常における生き方，生活態度がみられる。

・字の上手・下手

できるだけ読みやすい字を書く努力をする。また，制限字数より文章が長くなって原稿用紙の上下や左右の空欄に書き足したりすることは避ける。消しゴムで消す場合にも，丁寧に。

いずれの場合でも，表面的な文章力を問うているのではなく，受験者の人柄のほうを重視している。

実践編

マナーチェックリスト

就活において企業の人事担当は，面接試験やOG／OB訪問，そして面接試験において，あなたのマナーや言葉遣いといった，「常識力」をチェックしている。現在の自分はどのくらい「常識力」が身についているかをチェックリストで振りかえり，何ができて，何ができていないかを明確にしたうえで，今後の取り組みに生かしていこう。

評価基準　5：大変良い　4：やや良い　3：どちらともいえない　2：やや悪い　1：悪い

	項　目	評　価	メ　モ
挨拶	明るい笑顔と声で挨拶をしているか		
	相手を見て挨拶をしているか		
	相手より先に挨拶をしているか		
	お辞儀を伴った挨拶をしているか		
	直接の応対者でなくても挨拶をしているか		
表情	笑顔で応対しているか		
	表情に私的感情がでていないか		
	話しかけやすい表情をしているか		
	相手の話は真剣な顔で聞いているか		
身だしなみ	前髪は目にかかっていないか		
	髪型は乱れていないか／長い髪はまとめているか		
	髭の剃り残しはないか／化粧は健康的か		
	服は汚れていないか／清潔に手入れされているか		
	機能的で職業・立場に相応しい服装をしているか		
	華美なアクセサリーはつけていないか		
	爪は伸びていないか		
	靴下の色は適当か／ストッキングの色は自然な肌色か		
	靴の手入れは行き届いているか		
	ポケットに物を詰めすぎていないか		

	項　目	評　価	メ　モ
言葉遣い	専門用語を使わず，相手にわかる言葉で話しているか		
	状況や相手に相応しい敬語を正しく使っているか		
	相手の聞き取りやすい音量・速度で話しているか		
	語尾まで丁寧に話しているか		
	気になる言葉癖はないか		
動作	物の授受は両手で丁寧に実施しているか		
	案内・指し示し動作は適切か		
	キビキビとした動作を心がけているか		
心構え	勤務時間・指定時間の5分前には準備が完了しているか		
	心身ともに健康管理をしているか		
	仕事とプライベートの切替えができているか		

☑ 常に自己点検をするクセをつけよう

「人を表情やしぐさ，身だしなみなどの見かけで判断してはいけない」と一般にいわれている。確かに，人の個性は見かけだけではなく，内面においても見いだされるもの。しかし，私たちは人を第一印象である程度決めてしまう傾向がある。それが面接試験など初対面の場合であればなおさらだ。したがって，チェックリストにあるような挨拶，表情，身だしなみ等に注意して面接試験に臨むことはとても重要だ。ただ，これらは面接試験前にちょっと対策したからといって身につくようなものではない。付け焼き刃的な対策をして面接試験に臨んでも，面接官はあっという間に見抜いてしまう。日頃からチェックリストにあるような項目を意識しながら行動することが大事であり，そうすることで，最初はぎこちない挨拶や表情等も，その人の個性に応じたすばらしい所作へ変わっていくことができるのだ。さっそく，本日から実行してみよう。

面接試験において，印象を決定づける表情はとても大事。
どのようにすれば感じのいい表情ができるのか，ポイントを確認していこう。

明るく,温和で 柔らかな表情をつくろう

人間関係の潤滑油

表情に関しては，まずは豊かである
ということがベースになってくる。う
れしい表情，困った表情，驚いた表
情など，さまざまな気持ちを表現で
きるということが，人間関係を潤いの
あるものにしていく。

Point

　表情はコミュニケーションの大前提。相手に「いつでも話しかけてくださ
いね」という無言の言葉を発しているのが，就活に求められる表情だ。面接
官が安心してコミュニケーションをとろうと思ってくれる表情。それが，明
るく，温和で柔らかな表情となる。

カンタンTraining

Training 01

喜怒哀楽を表してみよう

- ・人との出会いを楽しいと思うことが表情の基本
- ・表情を豊かにする大前提は相手の気持ちに寄り添うこと
- ・目元・口元だけでなく，眉の動きを意識することが大事

Training 02

表情筋のストレッチをしよう

- ・表情筋は「ウイスキー」の発音によって鍛える
- ・意識して毎日，取り組んでみよう
- ・笑顔の共有によって相手との距離が縮まっていく

コミュニケーションは挨拶から始まり，その挨拶ひとつで印象は変わるもの。
ポイントを確認していこう。

丁寧にしっかりと
はっきり挨拶をしよう

人間関係の第一歩

挨拶は心を開いて，相手に近づくコ
ミュニケーションの第一歩。たかが
挨拶，されど挨拶の重要性をわきま
えて，きちんとした挨拶をしよう。形，
つまり"技"も大事だが，心をこめ
ることが最も重要だ。

Point

　挨拶はコミュニケーションの第一歩。相手が挨拶するのを待っているの
は望ましくない。挨拶の際のポイントは丁寧であることと，はっきり声に出
すことの2つ。丁寧な挨拶は，相手を大事にして迎えている気持ちの表れ
となる。はっきり声に出すことで，これもきちんと相手を迎えていることが
伝わる。また，相手もその応答として挨拶してくれることで，会ってすぐに
双方向のコミュニケーションが成立する。

いますぐデキる
カンタンTraining

Training 01

3つのお辞儀をマスターしよう

① 会釈（15度）　　② 敬礼（30度）　　③ 最敬礼（45度）

・息を吸うことを意識してお辞儀をするとキレイな姿勢に
・目線は真下ではなく，床前方1.5m先ぐらいを見よう
・相手への敬意を忘れずに

Training 02

対面時は言葉が先，お辞儀が後

・相手に体を向けて先に自ら挨拶をする
・挨拶時，相手とアイコンタクトを
　しっかり取ろう
・挨拶の後に，お辞儀をする。
　これを「語先後礼」という

STEP 3　　聞く姿勢

コミュニケーションは「話す」よりも「聞く」ことといわれる。相手が話しやすい聞き方の，ポイントを確認しよう。

受容の立場で傾聴しよう

相手の話を受けとめる

話を聞くときは，やや前に傾く姿勢をとる。表情と姿勢が合わさることにより，話し手の心が開き「あれも，これも話そう」という気持ちになっていく。また，「はい」と一度のお辞儀で頷くと相手の話を受け止めているというメッセージにつながる。

Point

話をすること，話を聞いてもらうことは誰にとってもプレッシャーを伴うもの。そのため，「何でも話して良いんですよ」「何でも話を聞きますよ」「心配しなくて良いんですよ」という気持ちで聞くことが大切になる。その気持ちが聞く姿勢に表れれば，相手は安心して話してくれる。

いますぐデキる

カンタン Training

Training 01

頷きは一度で

- ・相手が話した後に「はい」と
  一言発する
- ・頷きすぎは逆効果

Training 02

目線は自然に

- ・鼻の付け根あたりを見ると
  自然な印象に
- ・目を見つめすぎるのはNG

Training 03

話の句読点で視線を移す

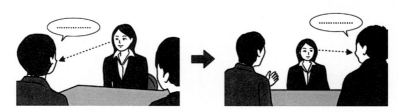

- ・視線は話している人を見ることが基本
- ・複数の人の話を聞くときは句読点を意識し,
  視線を振り分けることで聞く姿勢を表す

伝わる話し方

自分の意思を相手に明確に伝えるためには，話し方が重要となる。はっきりと的確に話すためのポイントを確認しよう。

明るい発声を
心がけよう

ボリュームを意識して

話すときのポイントとしては，ボリュームを意識することが挙げられる。会議室の一番奥にいる人に声が届くように意識することで，声のボリュームはコントロールされていく。

Point

コミュニケーションとは「伝達」すること。どのようなことも，適当に伝えるのではなく，伝えるべきことがきちんと相手に届くことが大切になる。そのためには，はっきりと，分かりやすく，丁寧に，心を込めて話すこと。言葉だけでなく，表情やジェスチャーを加えることも有効。

いますぐデキる
カンタンTraining

Training 01
腹式呼吸で発声練習

- 「あえいうえおあお」と発声する
- 腹式呼吸は，胸部をなるべく動かさずに，息を吸うときにお腹や腰が膨らむよう意識する呼吸法

Training 02
早口言葉にチャレンジ

おあやや
母親に
お謝り

- 「おあやや，母親に，お謝り」と早口で
- 口がすぼまった「お」と口が開いた「あ」の発音に，変化をつけられるかがポイント

Training 03
ジェスチャーを有効活用

- 腰より上でジェスチャーをする
- 体から離した位置に手をもっていく
- ジェスチャーをしたら戻すところをさだめておく

身だしなみはその人自身を表すもの。身だしなみの基本について，ポイントを確認しよう。

清潔感,さわやかさを醸し出せるようにしよう

プロの企業人にふさわしい身だしなみを

信頼感，安心感をもたれる身だしなみを考えよう。TPOに合わせた服装は，すなわち"礼"を表している。そして，身だしなみには，「清潔感」，「品のよさ」，「控え目である」という，3つのポイントがある。

Point

相手との心理的な距離や物理的な距離が遠ければ，コミュニケーションは成立しにくくなる。見た目が不潔では誰も近付いてこない。身だしなみが清潔であること，爽やかであることは相手との距離を縮めることにも繋がる。

カンタンTraining

Training **01**

髪型，服装を整えよう

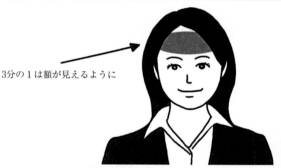

3分の1は額が見えるように

- 男性も女性も眉が見える髪型が望ましい。3分の1は額が見えるように。額は知性と清潔感を伝える場所。男性の髪の長さは耳や襟にかからないように
- スーツで相手の前に立つときは，ボタンはすべて留める。男性の場合は下のボタンは外す

Training **02**

おしゃれとの違いを明確に

- 爪はできるだけ切りそろえる
- 爪の中の汚れにも注意
- ジェルネイル，ネイルアートはNG

Training **03**

足元にも気を配って

- 女性の場合はパンプス，男性の場合は黒の紐靴が望ましい
- 靴はこまめに汚れを落とし見栄えよく

姿勢にはその人の意欲が反映される。前向き，活動的な姿勢を表すにはどうしたらよいか，ポイントを確認しよう。

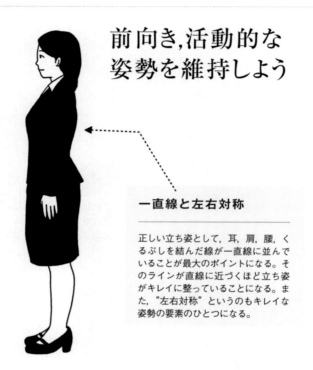

前向き,活動的な姿勢を維持しよう

一直線と左右対称

正しい立ち姿として，耳，肩，腰，くるぶしを結んだ線が一直線に並んでいることが最大のポイントになる。そのラインが直線に近づくほど立ち姿がキレイに整っていることになる。また，"左右対称"というのもキレイな姿勢の要素のひとつになる。

Point

　姿勢は，身体と心の状態を反映するもの。そのため，良い姿勢でいることは，印象が清々しいだけでなく，健康で元気そうに見え，話しかけやすさにも繋がる。歩く姿勢，立つ姿勢，座る姿勢など，どの場面にも心身の健康状態が表れるもの。日頃から心身の健康状態に気を配り，フィジカルとメンタル両面の自己管理を心がけよう。

いますぐデキる
カンタンTraining

Training 01

キレイな歩き方を心がけよう

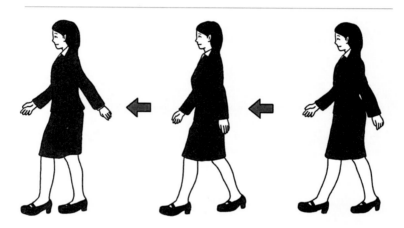

・女性は1本の線上を，男性はそれよりも太い線上を沿うように歩く
・一歩踏み出したときに前の足に体重を乗せるように，腰から動く
・12時の方向につま先をもっていく

Training 02

前向きな気持ちを持とう

・常に前向きな気持ちが姿勢を正す
・ポジティブ思考を心がけよう

言葉遣いの正しさはとは，場面にあった言葉を遣うということ。相手を気づかいながら，言葉を選ぶことで，より正しい言葉に近づいていく。

相手と場面に合わせた ふさわしい言葉遣いを

次の文は接客の場面でよくある間違えやすい敬語です。
それぞれの言い方は○×どちらでしょうか。

問1 「資料をご拝読いただきありがとうございます」

問2 「こちらのパンフレットはもういただかれましたか？」

問3 「恐れ入りますが，こちらの用紙にご記入してください」

問4 「申し訳ございませんが，来週，休ませていただきます」

問5 「先ほどの件，帰りましたら上司にご報告いたしますので」

Point

　ビジネスのシーンに敬語は欠くことができない。何度もやり取りをしていく中で，親しさの度合いによっては，あえてくだけた表現を用いることもあるが，「親しき仲にも礼儀あり」と言われるように，敬意や心づかいをおろそかにしてはいけないもの。相手に誤解されたり，相手の気分を壊すことのないように，相手や場面にふさわしい言葉遣いが大切になる。

解答と解説

問1 （×） ○正しい言い換え例

→「ご覧いただきありがとうございます」など

　「拝読」は自分が「読む」意味の謙譲語なので，相手の行為に使うのは誤り。読むと見るは同義なため，多く，見るの尊敬語「ご覧になる」が用いられる。

問2 （×） ○正しい言い換え例

→「お持ちですか」「お渡ししましたでしょうか」 など

　「いただく」は，食べる・飲む・もらうの謙譲語。「もらったかどうか」と聞きたいのだから，「おもらいになりましたか」と言えないこともないが，持っているかどうか，受け取ったかどうかという意味で「お持ちですか」などが使われることが多い。また，自分側が渡すような場合は，「お渡しする」を使って「お渡ししましたでしょうか」などの言い方に換えることもできる。

問3 （×） ○正しい言い換え例

→「恐れ入りますが，こちらの用紙にご記入ください」など

　「ご記入する」の「お（ご）〜する」は謙譲語の形。相手の行為を謙譲語で表すことになるため誤り。「して」を取り除いて「ご記入ください」か，和語に言い換えて「お書きください」とする。ほかにも「お書き／ご記入・いただけますでしょうか・願います」などの表現もある。

問4 （△）

　有給休暇を取る場合や，弔事等で休むような場面で，用いられることも多い。「休ませていただく」ということで一見丁寧に響くが，「来週休むと自分で休みを決めている」という勝手な表現にも受け取られかねない言葉だ。ここは同じ「させていただく」を用いても，相手の都合をうかがう言い方に換えて「○○がございまして，申し訳ございませんが，休みをいただいてもよろしいでしょうか」などの言い換えが好ましい。

問5 （×） ○正しい言い換え例

→「上司に報告いたします」

　「ご報告いたします」は，ソトの人との会話で使うとするならば誤り。「ご報告いたします」の「お・ご〜いたす」は，「お・ご〜する」と「〜いたす」という2つの敬語を含む言葉。そのうちの「お・ご〜する」は，主語である自分を低めて相手＝上司を高める働きをもつ表現（謙譲語Ⅰ）。一方「〜いたす」は，主語の私を低めて，話の聞き手に対して丁重に述べる働きをもつ表現（謙譲語Ⅱ　丁重語）。「お・ご〜する」も「〜いたす」も同じ謙譲語であるため紛らわしいが，主語を低める（謙譲）という働きは同じでも，行為の相手を高める働きがあるかないかという点に違いがあるといえる。

敬語は正しく使用することで，相手の印象を大きく変えることができる。尊敬語，謙譲語の区別をはっきりつけて，誤った用法で話すことのないように気をつけよう。

言葉の使い方が
マナーを表す！

■よく使われる尊敬語の形 「言う・話す・説明する」の例

専用の尊敬語型	おっしゃる
〜れる・〜られる型	言われる・話される・説明される
お（ご）〜になる型	お話しになる・ご説明になる
お（ご）〜なさる型	お話しなさる・ご説明なさる

■よく使われる謙譲語の形 「言う・話す・説明する」の例

専用の謙譲語型	申す・申し上げる
お（ご）〜する型	お話しする・ご説明する
お（ご）〜いたす型	お話しいたします・ご説明いたします

Point

　同じ尊敬語・謙譲語でも，よく使われる代表的な形がある。ここではその一例をあげてみた。敬語の使い方に迷ったときなどは，まずはこの形を思い出すことで，大抵の語はこの型にはめ込むことができる。同じ言葉を用いたほうがよりわかりやすいといえるので，同義に使われる「言う・話す・説明する」を例に考えてみよう。

　ほかにも「お話しくださる」や「お話しいただく」「お元気でいらっしゃる」などの形もあるが，まずは表の中の形を見直そう。

なお，尊敬語の中の「言われる」などの「れる・られる」を付けた形は省力している。

基本	尊敬語（相手側）	謙譲語（自分側）
会う	お会いになる	お目にかかる・お会いする
言う	おっしゃる	申し上げる・申す
行く・来る	いらっしゃる おいでになる お見えになる お越しになる お出かけになる	伺う・参る お伺いする・参上する
いる	いらっしゃる・おいでになる	おる
思う	お思いになる	存じる
借りる	お借りになる	拝借する・お借りする
聞く	お聞きになる	拝聴する 拝聞する お伺いする・伺う お聞きする
知る	ご存じ（知っているという意で）	存じ上げる・存じる
する	なさる	いたす
食べる・飲む	召し上がる・お召し上がりになる お飲みになる	いただく・頂戴する
見る	ご覧になる	拝見する
読む	お読みになる	拝読する

「お伺いする」「お召し上がりになる」などは，「伺う」「召し上がる」自体が敬語なので
「二重敬語」ですが，慣習として定着しており間違いではないもの。

Point

　上記の「敬語表」は，よく使うと思われる動詞をそれぞれ尊敬語・謙譲語で表したもの。このように大体の言葉は型にあてはめることができる。言葉の中には「お（ご）」が付かないものもあるが，その場合でも「〜なさる」を使って，「スピーチなさる」や「運営なさる」などと言うことができる。また，表では，「言う」の尊敬語「言われる」の例は省いているが，れる・られる型の「言われる」よりも「おっしゃる」「お話しになる」「お話しなさる」などの言い方のほうが，より敬意も高く，言葉としても何となく響きが落ち着くといった印象を受けるものとなる。

会話は相手があってのこと。いかなる場合でも，相手に対する心くばりを忘れないことが，会話をスムーズに進めるためのコツになる。

心くばりを添えるひと言で 言葉の印象が変わる!

　相手に何かを頼んだり，また相手の依頼を断ったり，相手の抗議に対して反論したりする場面では，いきなり自分の意見や用件を切り出すのではなく，場面に合わせて心くばりを伝えるひと言を添えてから本題に移ると，響きがやわらかくなり，こちらの意向も伝えやすくなる。俗にこれは「クッション言葉」と呼ばれている。(右表参照)

Point

　ビジネスの場面で，相手と話したり手紙やメールを送る際には，何か依頼事があってという場合が多いもの。その場合に「ちょっとお願いなんですが…」では，ふだんの会話と変わりがないものになってしまう。そこを「突然のお願いで恐れ入りますが」「急にご無理を申しまして」「こちらの勝手で恐縮に存じますが」「折り入ってお願いしたいことがございまして」などの一言を添えることで，直接的なきつい感じが和らぐだけでなく，「申し訳ないのだけれど，もしもそうしていただくことができればありがたい」という，相手への配慮や願いの気持ちがより強まる。このような前置きの言葉もうまく用いて，言葉に心くばりを添えよう。

相手の意向を尋ねる場合	「よろしければ」「お差し支えなければ」 「ご都合がよろしければ」「もしお時間がありましたら」 「もしお嫌いでなければ」「ご興味がおありでしたら」
相手に面倒を かけてしまうような場合	「お手数をおかけしますが」 「ご面倒をおかけしますが」 「お手を煩わせまして恐縮ですが」 「お忙しい時に申し訳ございませんが」 「お時間を割いていただき申し訳ありませんが」 「貴重なお時間を頂戴し恐縮ですが」
自分の都合を 述べるような場合	「こちらの勝手で恐縮ですが」 「こちらの都合（ばかり）で申し訳ないのですが」 「私どもの都合ばかりを申しまして，まことに申し訳なく存じますが」 「ご無理を申し上げまして恐縮ですが」
急な話をもちかけた場合	「突然のお願いで恐れ入りますが」 「急にご無理を申しまして」 「もっと早くにご相談申し上げるべきところでございましたが」 「差し迫ってのことでまことに申し訳ございませんが」
何度もお願いする場合	「たびたびお手数をおかけしまして恐縮に存じますが」 「重ね重ね恐縮に存じますが」 「何度もお手を煩わせまして申し訳ございませんが」 「ご面倒をおかけしてばかりで，まことに申し訳ございませんが」
難しいお願いをする場合	「ご無理を承知でお願いしたいのですが」 「たいへん申し上げにくいのですが」 「折り入ってお願いしたいことがございまして」
あまり親しくない相手に お願いする場合	「ぶしつけなお願いで恐縮ですが」 「ぶしつけながら」 「まことに厚かましいお願いでございますが」
相手の提案・誘いを断る場合	「申し訳ございませんが」 「（まことに）残念ながら」 「せっかくのご依頼ではございますが」 「たいへん恐縮ですが」 「身に余るお言葉ですが」 「まことに失礼とは存じますが」 「たいへん心苦しいのですが」 「お引き受けしたいのはやまやまですが」
問い合わせの場合	「つかぬことをうかがいますが」 「突然のお尋ねで恐縮ですが」

文章の書き方

ここでは文章の書き方における，一般的な敬称について言及している。はがき，手紙，メール等，通信手段はさまざま。それぞれの特性をふまえて有効活用しよう。

相手の気持ちになって
見やすく美しく書こう

■敬称のいろいろ

敬称	使う場面	例
様	職名・役職のない個人	（例）飯田知子様／ご担当者様／経理部長　佐藤一夫様
殿	職名・組織名・役職のある個人（公用文など）	（例）人事部長殿／教育委員会殿／田中四郎殿
先生	職名・役職のない個人	（例）松井裕子先生
御中	企業・団体・官公庁などの組織	（例）○○株式会社御中
各位	複数あてに同一文書を出すとき	（例）お客様各位／会員各位

Point

　封筒・はがきの表書き・裏書きは縦書きが基本だが，洋封筒で親しい人にあてる場合は，横書きでも問題ない。いずれにせよ，定まった位置に，丁寧な文字でバランス良く，正確に記すことが大切。特に相手の住所や名前を乱雑な文字で書くのは，配達の際の間違いを引き起こすだけでなく，受け取る側に不快な思いをさせる。相手の気持ちになって，見やすく美しく書くよう心がけよう。

■各通信手段の長所と短所

	長所	短所	用途
封書	・封を開けなければ本人以外の目に触れることがない。 ・丁寧な印象を受ける。	・多量の資料・画像送付には不向き。 ・相手に届くまで時間がかかる。	・儀礼的な文書(礼状・わび状など) ・目上の人あての文書 ・重要な書類 ・他人に内容を読まれたくない文書
はがき・カード	・封書よりも気軽にやり取りできる。 ・年賀状や季節の便り, 旅先からの連絡など絵はがきとしても楽しむことができる。	・封に入っていないため, 第三者の目に触れることがある。 ・中身が見えるので, 改まった礼状やわび状, こみ入った内容には不向き。 ・相手に届くまで時間がかかる。	・通知状　　・案内状 ・送り状　　・旅先からの便り ・各種お祝い　・お礼 ・季節の挨拶
FAX	・手書きの図やイラストを文章といっしょに送れる。 ・すぐに届く。 ・控えが手元に残る。	・多量の資料の送付には不向き。 ・事務的な用途で使われることが多く, 改まった内容の文書, 初対面の人へは不向き。	・地図, イラストの入った文書 ・印刷物(本・雑誌など)
電話	・急ぎの連絡に便利。 ・相手の反応をすぐに確認できる。 ・直接声が聞けるので, 安心感がある。	・連絡できる時間帯が制限される。 ・長々としたこみ入った内容は伝えづらい。	・緊急の用件 ・確実に用件を伝えたいとき
メール	・瞬時に届く。　・控えが残る。 ・コストが安い。 ・大容量の資料や画像をデータで送ることができる。 ・一度に大勢の人に送ることができる。 ・相手の居場所や状況を気にせず送れる。	・事務的な印象を与えるので, 改まった礼状やわび状には不向き。 ・パソコンや携帯電話を持っていない人には送れない。 ・ウィルスなどへの対応が必要。	・データで送りたいとき ・ビジネス上の連絡

Point

　はがきは手軽で便利だが, おわびやお願い, 格式を重んじる手紙には不向きとなる。この種の手紙は内容もこみ入ったものとなり, 加えて丁寧な文章で書かなければならないので, 数行で済むことはまず考えられない。また, 封筒に入っていないため, 他人の目に触れるという難点もある。このように, はがきにも長所と短所があるため, 使う場面や相手によって, 他の通信手段と使い分けることが必要となる。

　はがき以外にも, 封書・電話・FAX・メールなど, 現代ではさまざまな通信手段がある。上に示したように, それぞれ長所と短所があるので, 特徴を知って用途によって上手に使い分けよう。

社会人のマナーとして，電話応対のスキルは必要不可欠。まずは失礼なく電話に出ることからはじめよう。積極性が重要だ。

相手の顔が見えない分
対応には細心の注意を

■電話をかける場合

①　○○先生に電話をする

×「私，□□社の××と言いますが，○○様はおられますでしょうか？」
○「××と申しますが，○○様はいらっしゃいますか？」

「おられますか」は「おる」を謙譲語として使うため，通常は相手がいるかどうかに関しては，「いらっしゃる」を使うのが一般的。

②　相手の状況を確かめる

×「こんにちは，××です，先日のですね…」
○「××です，先日は有り難うございました，今お時間よろしいでしょうか？」

相手が忙しくないかどうか，状況を聞いてから話を始めるのがマナー。また，やむを得ず夜間や早朝，休日などに電話をかける際は，「夜分（朝早く）に申し訳ございません」「お休みのところ恐れ入ります」などのお詫びの言葉もひと言添えて話す。

③　相手が不在，何時ごろ戻るかを聞く場合

×「戻りは何時ごろですか？」
○「何時ごろお戻りになりますでしょうか？」

「戻り」はそのままの言い方，相手にはきちんと尊敬語を使う。

④　また自分からかけることを伝える

×「そうですか，ではまたかけますので」
○「それではまた後ほど（改めて）お電話させていただきます」

戻る時間がわかる場合は，「またお戻りになりましたころにでも」「また午後にでも」などの表現もできる。

■電話を受ける場合

① 電話を取ったら

× 「はい，もしもし，○○（社名）ですが」
○ 「はい，○○（社名）でございます」

② 相手の名前を聞いて

× 「どうも，どうも」
○ **「いつもお世話になっております」**

あいさつ言葉として定着している決まり文句ではあるが，日頃のお付き合いがあってこそ。あいさつ言葉もきちんと述べよう。「お世話様」という言葉も時折耳にするが，敬意が軽い言い方となる。適切な言葉を使い分けよう。

③ 相手が名乗らない

× 「どなたですか？」「どちらさまですか？」
○ **「失礼ですが，お名前をうかがってもよろしいでしょうか？」**

名乗るのが基本だが，尋ねる態度も失礼にならないように適切な応対を心がけよう。

④ 電話番号や住所を教えてほしいと言われた場合

× 「はい，いいでしょうか？」   × 「メモのご用意は？」
○ **「はい，申し上げます，よろしいでしょうか？」**

「メモのご用意は？」は，一見親切なようにも聞こえるが，尋ねる相手も用意していることがほとんど。押し付けがましくならない程度に。

⑤ 上司への取次を頼まれた場合

× 「はい，今代わります」   × 「○○部長ですね，お待ちください」
○ **「部長の○○でございますね，ただいま代わりますので，少々お待ちくださいませ」**

○○部長という表現は，相手側の言い方となる。自分側を述べる場合は，「部長の○○」「○○」が適切。

Point

自分から電話をかける場合は，まずは自分の会社名や氏名を名乗るのがマナー。たとえ目的の相手が直接出た場合でも，電話では相手の様子が見えないことがほとんど。自分の勝手な判断で話し始めるのではなく，相手の都合を伺い，そのうえで話を始めるのが社会人として必要な気配りとなる。

デキるオトナをアピール

時候の挨拶

月	漢語調の表現 候，みぎりなどを付けて用いられます	口語調の表現
1月 （睦月）	初春・新春　頌春・ 小寒・大寒・厳寒	皆様におかれましては，よき初春をお迎えのことと存じます／厳しい寒さが続いております／珍しく暖かな寒の入りとなりました／大寒という言葉通りの厳しい寒さでございます
2月 （如月）	春寒・余寒・残寒・ 立春・梅花・向春	立春とは名ばかりの寒さ厳しい毎日でございます／梅の花もちらほらとふくらみ始め，春の訪れを感じる今日この頃です／春の訪れが待ち遠しいこのごろでございます
3月 （弥生）	早春・浅春・春寒・ 春分・春暖	寒さもようやくゆるみ，日ましに春めいてまいりました／ひと雨ごとに春めいてまいりました／日増しに暖かさが加わってまいりました
4月 （卯月）	春暖・陽春・桜花・ 桜花爛漫	桜花爛漫の季節を迎えました／春光うららかな好季節となりました／花冷えとでも申しましょうか，何だか肌寒い日が続いております
5月 （皐月）	新緑・薫風・惜春・ 晩春・立夏・若葉	風薫るさわやかな季節を迎えました／木々の緑が目にまぶしいようでございます／目に青葉，山ほととぎす，初鰹の句も思い出される季節となりました
6月 （水無月）	梅雨・向暑・初夏・ 薄暑・麦秋	初夏の風もさわやかな毎日でございます／梅雨前線が近づいてまいりました／梅雨の晴れ間にのぞく青空は，まさに夏を思わせるようです
7月 （文月）	盛夏・大暑・炎暑・ 酷暑・猛暑	梅雨が明けたとたん，うだるような暑さが続いております／長い梅雨も明け，いよいよ本格的な夏がやってまいりました／風鈴の音がわずかに涼を運んでくれているようです
8月 （葉月）	残暑・晩夏・処暑・ 秋暑	立秋とはほんとうに名ばかりの厳しい暑さの毎日です／残暑たえがたい毎日でございます／朝夕はいくらかしのぎやすくなってまいりました
9月 （長月）	初秋・新秋・爽秋・ 新涼・清涼	九月に入りましてもなお，日差しの強い毎日です／暑さもやっとおとろえはじめたようでございます／残暑も去り，ずいぶんとしのぎやすくなってまいりました
10月 （神無月）	清秋・錦秋・秋涼・ 秋冷・寒露	秋風もさわやかな過ごしやすい季節となりました／街路樹の葉も日ごとに色を増しております／紅葉の便りの聞かれるころとなりました／秋深く，日増しに冷気も加わってまいりました
11月 （霜月）	晩秋・暮秋・霜降・ 初霜・向寒	立冬を迎え，まさに冬到来を感じる寒さです／木枯らしの季節になりました／日ごとに冷気が増すようでございます／朝夕はひときわ冷え込むようになりました
12月 （師走）	寒冷・初冬・師走・ 歳晩	師走を迎え，何かと慌ただしい日々をお過ごしのことと存じます／年の瀬も押しつまり，何かとお忙しくお過ごしのことと存じます／今年も残すところわずかとなりました，お忙しい毎日とお察しいたします

いますぐデキる
シチュエーション別会話例

シチュエーション1　取引先との会話

「非常に素晴らしいお話で感心しました」→NG！

　「感心する」は相手の立派な行為や，優れた技量などに心を動かされるという意味。意味としては間違いではないが，目上の人に用いると，偉そうに聞こえかねない表現。「感動しました」などに言い換えるほうが好ましい。

シチュエーション2　子どもとの会話

「お母さんは，明日はいますか？」→NG！

　たとえ子どもとの会話でも，子どもの年齢によっては，ある程度の敬語を使うほうが好ましい。「明日はいらっしゃいますか」では，むずかしすぎると感じるならば，「お出かけですか」などと表現することもできる。

シチュエーション3　同僚との会話

「今，お暇ですか」→NG？

　同じ立場同士なので，暇に「お」が付いた形で「お暇」ぐらいでも構わないともいえるが，「暇」というのは，するべきことも何もない時間という意味。そのため「お暇ですか」では，あまりにも直接的になってしまう。その意味では「手が空いている」→「空いていらっしゃる」→「お手透き」などに言い換えることで，やわらかく敬意も含んだ表現になる。

シチュエーション4　上司との会話

「なるほどですね」→NG！

　「なるほど」とは，相手の言葉を受けて，自分も同意見であることを表すため，相手の言葉・意見を自分が評価するというニュアンスも含まれている。そのため自分が評価して述べているという偉そうな表現にもなりかねない。同じ同意ならば，頷き「おっしゃる通りです」などの言葉のほうが誤解なく伝わる。

就活スケジュールシート

■年間スケジュールシート

1月	2月	3月	4月	5月	6月
企業関連スケジュール					
自己の行動計画					

就職活動をすすめるうえで，当然重要になってくるのは，自己のスケジュール管理だ。企業の選考スケジュールを把握することも大切だが，自分のペースで進めることになる自己分析や業界・企業研究，面接試験のトレーニング等の計画を立てることも忘れてはいけない。スケジュールシートに「記入」する作業を通して，短期・長期の両方の面から就職試験を考えるきっかけにしよう。

7月	8月	9月	10月	11月	12月
企業関連スケジュール					
自己の行動計画					

会社別就活ハンドブックシリーズ

日立製作所の
就活ハンドブック

編　者　就職活動研究会

発　行　令和 6 年 2 月 25 日

発行者　小貫輝雄

発行所　協同出版株式会社

〒 101 - 0054
東京都千代田区神田錦町 2 - 5
電話　03 - 3295 - 1341
振替　東京00190 - 4 - 94061

印刷所　協同出版・POD 工場

落丁・乱丁はお取り替えいたします

●2025年度版●
会社別就活ハンドブックシリーズ
【全111点】

運　輸

東日本旅客鉄道の就活ハンドブック

東海旅客鉄道の就活ハンドブック

西日本旅客鉄道の就活ハンドブック

東京地下鉄の就活ハンドブック

小田急電鉄の就活ハンドブック

阪急阪神 HD の就活ハンドブック

商船三井の就活ハンドブック

日本郵船の就活ハンドブック

機　械

三菱重工業の就活ハンドブック

川崎重工業の就活ハンドブック

IHI の就活ハンドブック

島津製作所の就活ハンドブック

浜松ホトニクスの就活ハンドブック

村田製作所の就活ハンドブック

クボタの就活ハンドブック

金　融

三菱 UFJ 銀行の就活ハンドブック

三菱 UFJ 信託銀行の就活ハンドブック

みずほ FG の就活ハンドブック

三井住友銀行の就活ハンドブック

三井住友信託銀行の就活ハンドブック

野村證券の就活ハンドブック

りそなグループの就活ハンドブック

ふくおか FG の就活ハンドブック

日本政策投資銀行の就活ハンドブック

建設・不動産

三菱地所の就活ハンドブック

三井不動産の就活ハンドブック

積水ハウスの就活ハンドブック

大和ハウス工業の就活ハンドブック

鹿島建設の就活ハンドブック

大成建設の就活ハンドブック

清水建設の就活ハンドブック

資源・素材

旭旭化成グループの就活ハンドブック

東レの就活ハンドブック

ワコールの就活ハンドブック

関西電力の就活ハンドブック

日本製鉄の就活ハンドブック

中部電力の就活ハンドブック

九州電力の就活ハンドブック

自動車

トヨタ自動車の就活ハンドブック

デンソーの就活ハンドブック

本田技研工業の就活ハンドブック

日産自動車の就活ハンドブック

商　社

三菱商事の就活ハンドブック

伊藤忠商事の就活ハンドブック

住友商事の就活ハンドブック

双日の就活ハンドブック

丸紅の就活ハンドブック

豊田通商の就活ハンドブック

三井物産の就活ハンドブック

情報通信・IT

NTT データの就活ハンドブック

サイバーエージェントの就活ハンドブック

NTT ドコモの就活ハンドブック

LINE ヤフーの就活ハンドブック

野村総合研究所の就活ハンドブック

SCSK の就活ハンドブック

日本電信電話の就活ハンドブック

富士ソフトの就活ハンドブック

KDDI の就活ハンドブック

日本オラクルの就活ハンドブック

ソフトバンクの就活ハンドブック

GMO インターネットグループ

楽天の就活ハンドブック

オービックの就活ハンドブック

mixi の就活ハンドブック

DTS の就活ハンドブック

グリーの就活ハンドブック

TIS の就活ハンドブック

食品・飲料

サントリー HD の就活ハンドブック

日本たばこ産業 の就活ハンドブック

味の素の就活ハンドブック

日清食品グループの就活ハンドブック

キリン HD の就活ハンドブック

山崎製パンの就活ハンドブック

アサヒグループ HD の就活ハンドブック

キユーピーの就活ハンドブック

生活用品

資生堂の就活ハンドブック

武田薬品工業の就活ハンドブック

花王の就活ハンドブック

電気機器

三菱電機の就活ハンドブック	パナソニックの就活ハンドブック
ダイキン工業の就活ハンドブック	富士通の就活ハンドブック
ソニーの就活ハンドブック	キヤノンの就活ハンドブック
日立製作所の就活ハンドブック	京セラの就活ハンドブック
ＮＥＣの就活ハンドブック	オムロンの就活ハンドブック
富士フイルム HD の就活ハンドブック	キーエンスの就活ハンドブック

保　険

東京海上日動火災保険の就活ハンドブック	三井住友海上火災保険の就活ハンドブック
第一生命ホールディングスの就活ハンドブック	損保ジャパンの就活ハンドブック

メディア

日本印刷の就活ハンドブック	エイベックスの就活ハンドブック
博報堂 DY の就活ハンドブック	東宝の就活ハンドブック
TOPPAN ホールディングスの就活ハンドブック	

流通・小売

ニトリ HD の就活ハンドブック	ZOZO の就活ハンドブック
イオンの就活ハンドブック	

エンタメ・レジャー

オリエンタルランドの就活ハンドブック	任天堂の就活ハンドブック
アシックスの就活ハンドブック	カプコンの就活ハンドブック
バンダイナムコ HD の就活ハンドブック	セガサミー HD の就活ハンドブック
コナミグループの就活ハンドブック	タカラトミーの就活ハンドブック
スクウェア・エニックス HD の就活ハンドブック	

▼会社別就活ハンドブックシリーズにつきましては，協同出版のホームページからもご注文ができます。詳細は下記のサイトでご確認下さい。

https://kyodo-s.jp/examination_company